Cornelia Adem

TRANSSYLVANIEN

· KOCHBUCH ·

Email: info@edition-lunerion.de
www.edition-lunerion.de

Psiana eCom UG
Berumer Str. 44
26844 Jemgum

Vorwort

Ursprüngliche Dörfer, traditionelle Landwirtschaft, reiche Artenvielfalt und atemberaubende Natur: Die Region Siebenbürgen in Rumänien besticht nicht nur durch landschaftliche Vielfalt, sondern weist mit Rumänen, Ungarn und Einwohnern deutscher Herkunft eine besondere Bevölkerungsstruktur auf. Das schlägt sich auch in der Küche nieder – und mit diesem Buch entdecken Sie den einzigartigen kulinarischen Reichtum Siebenbürgens!

Das siebenbürgische Gemeinschaftsgefühl ist stark ausgeprägt: Ob Schulfest oder Osterbräuche, gefeiert wird mit rauschenden Festen im Kreis der Gemeinde und da darf es an reichlich Leckereien nicht fehlen. Und wenn sich rumänische, ungarische und deutsche Köche zusammentun, biegt sich die Festtagstafel unter einzigartiger Vielfalt. Saure Suppen und Eintöpfe bringen den typisch rumänischen Einschlag, der ungarische Beitrag besticht mit scharf gewürzten Schmorgerichten voll Kümmel und Paprika und die Deutschen punkten mit reichlich Fleisch sowie gehaltvollen Mehlspeisen. So ist für jeden Geschmack reichlich Auswahl geboten und die Rezeptvielfalt in diesem Buch hält für Fleischfreunde, Fischfans, Veggies und Naschkatzen Gaumenfreuden für jeden Anlass bereit.

Guten Appetit!

Wissenswertes ... 1

Einkaufsliste ... 4

Frühstück nach siebenbürgischer Art ... 5

„Chäusbroit" / Herzhaftes Käsebrot ... 6

„Schnoibollen" / Gebäck aus Hefeteig ... 7

„Vinete" / Brotaufstrich mit Aubergine ... 8

„Pâine de casă" / Siebenbürgisches Hausbrot ... 9

„Minciunele" / Strauben ... 11

„Malai" / Orangenkuchen nach rumänischer Art ... 12

„Geriaurt Fussuien" / Weißes Bohnenpüree ... 13

Salate und Blattgemüse nach siebenbürgischer Art ... 14

„Káposztasaláta" / Ungarischer Krautsalat mit Gemüse ... 15

„Salata de Cartofi" / Siebenbürgischer Kartoffelsalat ... 16

„Salata de Ardei" / Siebenbürgischer Paprikasalat ... 17

„Bœuf saláta" / Fleischsalat ... 18

„Cukkini" / Gebackene Zucchini ... 19

„Mureture" / Süß-Sauer Gemüse ... 20

Siebenbürgische Suppen ... 21

„Zalaten Lawend" / Milchsuppe mit Eisbergsalat ... 22

„Erdélyi bableves" / Herzhafte Bohnensuppe ... 23

„Ciorba" / Gemüsesuppe mit Fleischbällchen ... 24

„Tárkonyos leves" / Estragon-Suppe ... 26

„Supâ Brânză moale" / Cremige Camembert-Suppe ... 27

„Barszcz" / Kalte Rote Bete-Suppe ... 28

Siebenbürgische Dips, Snacks und Vorspeisen 29

„Zacusca" / Rotes Gemüsepüree 30

„Sarma" / Siebenbürgische Krautwickel 31

„Ouă umplute" / Gefüllte Eier 33

„Töltött bagett" / Herzhaft gefüllte Baguettes 34

„Vinete" / Auberginensalat 35

„Grießscheffker" / Gebackene Grießbällchen 36

Hauptspeisen mit Fleisch 37

„Palukes und Fleckenfleisch" / Klassisches Schmorfleisch auf Maisbrei . 38

„Borschtsch" / Siebenbürger Fleischtopf 40

„Şniţel" / Siebenbürger Zwiebelfleisch 41

„Pui umplut" / Gefülltes Huhn 42

„Gulas de pui" / Hähnchengulasch ala Mama 43

„Mititei" / Rumänische Hackbällchen 44

„Pateu de carne tocata" / Hackfleisch-Pasteten 45

„Placa de Lemn Pentru Carne" / Siebenbürgische Holzplatte 46

„Găluşte cu slănină" / Speckknödel 47

„Umăr de iepure cu măsline" / Kaninchenschulter mit Oliven 48

„Friptură de căprioară cu merişoare" / Rehrückenbraten 49

„Şnitel cu boia" / Paprikaschnitzel 50

Hauptspeisen mit Fisch 51

„File de crap pe mamaliga si polpa di rosii" / Herzhaftes Karpfenfilet auf Palukes und Tomatenpolpa 52

„Găluşte cu sebastă pe morcovi în sos de muştar" / Semmelknödel mit Rotbarsch auf Möhren in Senfsauce 53

„Somon sălbatic în spanac şi găluşte de şerveţel" / Serviettenknödel mit Wildlachs auf Spinat 54

„Tigaie pentru peşte" / Siebenbürgische Fischpfanne 56

„Crap pe spuma de telina" / Karpfen auf Sellerieschaum 57

„Hering în sos de roşii pe pâine cenuşie" / Hering in Tomatensauce auf Graubrot 58

Vegetarische Hauptspeisen 59

„Tocana de cartofi" / Rumänischer Eintopf mit Kartoffeln 60

„Placinta cu brânză" / Käsepasteten 61

„Rulada de brânză" / Käseroulade 62

„Găluşte cu brânză" / Knödel mit Käse 63

„Orez la abur cu ciuperci" / Rahmpilze auf gedünstetem Reis 64

„Snitel de cartofi" / Kartoffelschnitzel 65

„Crochete de cartofi cu umplutură de legume" / Kartoffelkroketten mit Gemüsefüllung 66

Vegane Hauptspeisen 67

„Pirinac" / Serbischer Reis 68

„Giwetsch" / Alles was Sie haben 69

„Kimm Lawend" / Kümmel-Brotsuppe 70

„Zwaibel Tokana" / Zwiebelgulasch 71

„Saier Kampest" / Eingelegtes Würzkraut 72

Siebenbürgische Dessertvariationen 73

„Teegebäck" / Honigkekse mit Guss 74

„Hanklich" / Siebenbürger Schmandkuchen 75

„Rulouri cu drojdie" / Wespennester 76

„Galuste" / Siebenbürgische Topfenknödel 77

„Amaretto - Prune" / Amaretto-Zwetschgen-Röster 78

„Harlekin - Felie" / Harlekin-Schnitten 79

„Bucuresti Felie" / Bukarester Schnitten 80

„Mere coapte" / Siebenbürger Bratäpfel 81

„Rulouri de ciocolată" / Schokotaler 82

„Cremă de cafea felii" / Kaffeecremeschnitten 83

„Prăjitură cu cremă de lămâie" / Zitronen-Frischkäsekuchen 84

Spirituosen und erfrischende Getränke 85

„Cremos de oua" / Cremiger Eierlikör *86*

„Huentert Sirup" / Frischer Holundersirup *87*

„Lichior de prune" / Siebenbürger Pflaumenlikör *88*

„Ceai cu gheață de zmeură" / Himbeer-Eistee *89*

„Bombă cu vitamine" / Ananas-Fenchel-Smoothie Vitaminbombe *90*

„Milkshake cu banane turmeric" / Kurkuma-Bananen-Milchshake *91*

„Moscova Cocktail" / Moscow Mule *92*

„Gin spumant" / Gin Fizz *93*

„Suc alcalin de telina" / Basischer Selleriesaft *94*

„Ceai de chimen de fenicul anason" / Anis-Fenchel-Kümmel-Tee *95*

„Limonadă proaspătă de pere" / Frische Birnenlimonade *96*

„Ceai cu gheață de hibiscus" / Hibiskus-Eistee *97*

Wissenswertes

Ein Gebiet mit einer unvorhersagbaren Geschichte und einer einzigartigen Vielfältigkeit mitten im Zentrum Rumäniens gelegen – Siebenbürgen.

Die Bevölkerung besteht zu einer Vielzahl aus Rumänen und Ungarn. Einen kleinen Anteil machen allerdings auch die deutschstämmigen sogenannten „Siebenbürger Sachsen" aus.

Allerdings stammen diese nicht aus Sachsen, sondern ihr Name leitet sich von dem lateinischen Wort Saxones ab, was man ungefähr mit „westliche (deutsche) Siedler" übersetzen könnte.

Heute leben in Siebenbürgen noch etwa 14.000 Menschen deutscher Abstammung. Daraus ergibt sich nicht nur eine kulturell höchst interessante Vergangenheit, sondern auch eine Vielzahl kulinarischer Besonderheiten, die bis ins heutige Zeitalter fortbestehen.

Siebenbürgen verfügt außerdem über eine außergewöhnlich schöne Natur, die in solch einer Form nur noch selten in Europa anzutreffen ist. Siebenbürgen besteht aus vielen alten Dorfgemeinschaften, die noch in sehr ursprünglicher Form Landwirtschaft betreiben. Dadurch wird die Bio-Diversität auf natürliche Weise erhalten und zurück bleibt ein Landschaftsbild, welches an die Jahrhundertwende des 18./19. Jahrhundert erinnert. Die weiten Wiesen und Felder sind an Artenvielfalt kaum zu überbieten. Es ist ein wahres

Paradies für Amphibien und Insekten, aber auch Wölfe und Bären sind in dieser Gegend heimisch und fühlen sich außerordentlich wohl. In den Dorfgemeinschaften wird gemeinsame Kultur großgeschrieben. Besonders zum Ende des Zweiten Weltkriegs verstärkte sich das Gemeinschaftsgefühl des Siebenbürgens immens, da es den einzelnen Mitgliedern Sicherheit und Schutz vermittelte sowie einen Lichtblick in schwerer Not. Es gibt eine beachtliche Anzahl alter Traditionen, die bis in die heutige Zeit praktiziert werden. Ein Beispiel ist u. a. das österliche Bespritzen der Frauen des Hauses mit einem selbstgemachten Parfüm aus Veilchen und Orangenschalen – sofern sie einverstanden sind. Als Belohnung erhalten die jungen Frauen traditionell ein rot bemaltes Ei und die älteren Damen einen Schnaps oder Likör. Zu sämtlichen Anlässen, z. B. zum Schulfest, welches jedes Jahr im Sommer stattfindet und teilweise wochenlange Vorbereitung seitens der Lehrerschaft und der Schüler in Anspruch nimmt, wird mit Fleiß getanzt, gesungen und allerlei aufgeführt. Die gesamte Dorfgemeinde kommt hierfür zusammen und teilt die Freude an dem gemeinsamen Fest. Natürlich darf auf einem rauschenden Fest auch die passende Verpflegung nicht fehlen.

Aus diesem Grund erfahren Sie in diesem Buch alles, was Sie wissen müssen, um mit Ihrem Kochlöffel bewaffnet in die Geschichte Siebenbürgens einzutauchen.

Entdecken Sie die abwechslungsreiche Küche und probieren Sie sich durch alte und neue Rezepte. Die wohl unverzichtbarsten Zutaten der siebenbürgischen Küche sind Mais, Mehl und Kartoffeln:

- Der Mais dient in Siebenbürgen als absolutes Grundnahrungsmittel und wird vor allem als Brei gerne und viel gegessen. Der siebenbürgische Maisbrei wird als Mamaliga oder Palukes bezeichnet und nach Belieben herzhaft oder süß zubereitet.
- Die Kartoffel wird in allen möglichen Formen und Konsistenzen zubereitet und ist daher nicht weniger unentbehrlich.
- Die Siebenbürgen sind außerdem wahre Meister des Backens. Sie lieben selbstgebackene Brote und sind auch in der Kreation von Desserts und Nachspeisen sehr talentiert.

Kennzeichnend für die verschiedenen Kulturgruppen sind hier die Art und Weise der jeweiligen Zubereitungen:

• Die rumänischen Einschläge in der siebenbürgischen Küche erkennen Sie an den typisch sauren Gerichten, z. B. Suppen oder Eintöpfe. Es wird viel mit Essig gearbeitet.

• Die ungarische Zubereitungsart liegt in einer überwiegend scharfen Würzung. Es werden auch hier verschiedene Eintöpfe und Schmorgerichte gereicht. Beliebte Gewürze sind u. a. Kümmel oder Paprika.

• Deutsche Varianten sind dagegen häufig die Fleisch lastigsten und deftigsten. Gehaltvolle Suppen und Mehlspeisen sind typische Gerichte der Siebenbürger Sachsen.

EINKAUFSLISTE

Auf der klassischen Einkaufsliste eines siebenbürgischen Küchenchefs könnte u. a. Folgendes stehen:

- **Kaiserfleisch** (Rauchfleisch/Speck) naturbelassen oder mit Paprikagewürz
- **Leberwurst/Kochwurst**
- **Grammeln**
- **Blutwurst**
- **Presswurst**
- **Hackfleisch/Militi** (rumänische Cevapcici)
- **Rippchen**
- **Pariser Wurst** (Fleischwurst)
- **Griebenschmalz**
- **Manouri** (Käse)
- **Sakuska** (Gemüsepaste)
- **Sauerkraut**
- **Gewürzgurken**
- **Paprika**
- **Mais**
- **Kartoffeln**
- **Oliven**
- **Tomaten**
- **Beeren**
- **Äpfel**
- **Pflaumen**
- **Trauben**
- **Mehl**

Frühstück nach siebenbürgischer Art

„CHÄUSBROIT“ |

HERZHAFTES KÄSEBROT

6 Port.

70 Min.

Leicht

Zutaten

320 g Mehl (Weizen Typ 550)
300 ml Wasser
1 TL Salz
1 TL Backpulver
200 g geriebener Gouda

Nährwerte p. P.

339 kcal
71 g Kohlenhydrate
1 g Fett
10 g Eiweiß

1 Zunächst alle Zutaten in einer Rührschüssel miteinander verkneten, sodass ein homogener Teig entsteht.

2 Den entstandenen Teig nun in eine gefettete Kastenform geben. Die Form sollte ca. 10 x 25 cm groß sein.

3 Danach die Form bei 180 °C Umluft für 55 Minuten in den vorgeheizten Ofen stellen. Wenn das Käsebrot durchgebacken ist, sollte es vor dem Servieren noch etwas abkühlen.

4 Zum Schluss das Brot mit einem scharfen Sägemesser in Scheiben schneiden und servieren.

Tipp: Dieser Klassiker der siebenbürgischen Küche lässt sich ganz einfach nach Belieben aufpeppen. Fügen Sie dem Teig zum Beispiel eine kleine Portion eingelegten Knoblauch, getrocknete Tomaten, geröstete Zwiebeln oder Kümmelsamen hinzu. Hier sind Ihrer Fantasie keine Grenzen gesetzt.

„SCHNOIBOLLEN" |

GEBÄCK AUS HEFETEIG

10 Port. 180 Min. Mittel

Zutaten

1 EL Backpulver
4 EL Zucker
1 Packung Vanillezucker
1000 ml Sonnenblumenöl
200 g Mascarpone
2 Eier (Größe M)
2 EL Pflanzenöl
500 g Weizenmehl (Typ 550)

Nährwerte p. P.

456 kcal
77 g Kohlenhydrate
9 g Fett
12 g Eiweiß

1 Zunächst aus allen Zutaten – bis auf das Sonnenblumenöl – einen glatten Hefeteig herstellen und diesen für etwa 120 Minuten in den Kühlschrank stellen.

2 Nach zwei Stunden ist der Teig gut gekühlt und fest, sodass er auf der Arbeitsfläche ungefähr 1 cm dick ausgerollt werden kann.

3 Vorher am besten etwas Mehl auf die Fläche streuen, damit der Teig nicht klebt.

4 Als Nächstes den Teig mit dem Küchenmesser in gleich große Rechtecke zerteilen. Jedes Rechteck sollte etwa 8 x 12 cm groß sein.

5 Danach in jedes Rechteck mittig zwei Löcher schneiden und eine Ecke so durch den Einschnitt ziehen, dass eine Schlaufe entsteht.

6 Nun das Öl in ein großes Gefäß geben und bis auf eine Temperatur von 140 °C erhitzen. Die Schnoibollen nun so lange darin ausgebacken, bis sie eine goldgelbe Farbe annehmen. Diese dann mit einer durchlässigen Schöpfkelle aus dem heißen Fett heben und dabei gut abtropfen lassen.

7 Nach einer kurzen Abkühlphase die fertigen Schnoibollen mit Puderzucker bestäuben.

Tipp: Servieren Sie die Schnoibollen alternativ mit einem Topping aus Zimt und Zucker und fügen Sie dem Teig nach Bedarf Nüsse oder Mandeln hinzu, um eine winterliche Note einzubringen.

„VINETE" |

BROTAUFSTRICH MIT AUBERGINE

 6 Port.

 30 Min.

 Leicht

Zutaten

1 EL Senf
1 EL Salz
1 Eigelb
4 Auberginen
150 ml Sonnenblumenöl
1 EL Essig
1 mittelgroße Zwiebel

Nährwerte p. P.

252 kcal
4 g Kohlenhydrate
24 g Fett
2 g Eiweiß

1 Die Auberginen zunächst in Gänze garen. Hierzu entweder einen Grill oder den Ofen verwenden.

2 Wenn die Auberginen weich geworden sind, die Schale entfernen und das Fruchtfleisch klein hacken.

3 Danach aus Öl, Senf, Salz und Eigelb eine Art Mayonnaise herstellen. Hierzu alle Zutaten so lange kräftig miteinander verquirlen, bis sie cremig werden. Alle Zutaten müssen Zimmertemperatur haben.

4 Als Nächstes die Zwiebel in kleine Würfel schneiden oder direkt in die Mayonnaise reiben.

5 Danach die gehackten Auberginen hinzufügen.

6 Den Aufstrich nun mit Salz und Essig abschmecken und servieren.

Tipp: Für eine rauchige Note, garen Sie die Auberginen in gewürfeltem Zustand noch einige Zeit im Ofen oder auf dem Grill weiter, bevor Sie ihn verarbeiten. Sie können statt normalem Salz auch Rauchsalz verwenden.

„PÂINE DE CASĂ" |

SIEBENBÜRGISCHES HAUSBROT

1 Brot

48 Std.

Leicht

Zutaten

1000 g Mehl (Weizen Typ 1050)
720 ml Wasser
2 TL und 1 Prise Salz
1 TL Weizenanstellgut

Nährwerte p. P.

3445 kcal
683 g Kohlenhydrate
18 g Fett
122 g Eiweiß

1 Aus allen vorhandenen Zutaten insgesamt drei verschiedene Teige hergestellt, die nach und nach miteinander kombiniert bzw. erweitert werden. Gebacken werden alle Teige bei Ober-/Unterhitze.

2 Als Erstes aus 100 g Weizenmehl, 65 ml Wasser und 1 TL Weizenanstellgut sowie 1 Prise Salz einen Knetteig herstellen.

3 Dieser verbleibt nun in der Schüssel und wird zunächst mit Frischhaltefolie abgedeckt. Über Nacht sollte der erste Teig nun für einige

4 Stunden gehen, bevor er danach in ein großes Gefäß mit Schraubverschluss umgefüllt wird. In diesem Zustand verbleibt der Teig dann für mindestens 48 Stunden im Kühlschrank. Dort könnte er auch bis zu zwei Wochen gelagert werden, würde dann allerdings mit der Zeit immer weiter aufgehen.

5 Nun den zweiten Teig herstellen. Dieser entsteht, wenn der erste Teig – mittlerweile ein Sauerteig – mit 300 g Mehl und 180 ml Wasser verknetet wird. Den Sauerteig in eine große Schüssel füllen, mit Frischhaltefolie abdecken und für weitere 16 Stunden in den Kühlschrank stellen. Schlägt der Teig nach der Ruhezeit viele Bläschen, ist er perfekt aufgegangen.

6 Für den Hauptteig am besten eine Küchenmaschine verwenden. Die restlichen 600 g Mehl mit 380 ml lauwarmem Wasser zu einer homogenen Masse verkneten.

7 Danach für ca. 45 Minuten in der Schüssel stehen lassen, damit die Autolyse einsetzen kann. Nach etwa 30 Minuten den Sauerteig unter den anderen Teig kneten. Die 2 TL Salz ganz zum Schluss in den Teig einrieseln lassen.

8 Als nächster Schritt soll nun für etwa eine Stunde die Teigruhe einsetzen. Hierfür zum Beispiel ein Gärkörbchen verwenden und den Ofen auf eine Temperatur von 26 °C erhitzen. Auf mittlerem Rost verbleibt das Brot nun für 60 Minuten im Rohr.

9 Nach der Garzeit das Brot stürzen und strahlenförmig einschneiden, damit eine kräftige Kruste entstehen kann. Den Ofen inzwischen auf 230 °C aufheizen. Dann das Brot wieder zurück in den Ofen legen und zunächst ca. 15 Minuten backen, bis der gewünschte Bräunungsgrad erreicht ist.

10 Nun die Temperatur auf 180 °C drosseln und den Laib für weitere 40 Minuten im Ofen lassen. Zwischendurch den Laib mit einer Wasserspritze etwas nass spritzen. Dadurch wird die Kruste richtig schön knackig und das Brot bleibt innen saftig.

11 Um zu prüfen, ob das Brot fertig gebacken ist, mit der Faust vorsichtig auf die Unterseite des Laibes klopfen. Klingt es schön hohl, ist das Brot fertig und kann auf dem Gitterrost auskühlen.

Tipp: Mit einem speziellen Thermometer lässt sich die gewünschte Kerntemperatur von 93 °C bestimmen, falls Sie sich unsicher sind, ob das Brot schon fertig ist.

„MINCIUNELE" |

STRAUBEN

6 Port.

90 Min.

Leicht

Zutaten

300 g Weizenmehl (Typ 550)
20 g frische Hefe
2 EL Zucker
1 Packung Vanillezucker
300 ml (warme) fettarme Milch
1 Prise Salz
3 EL Öl
etwas Puderzucker und Zimt

Nährwerte p. P.

275 kcal
46 g Kohlenhydrate
6 g Fett
7 g Eiweiß

1 Zuerst aus einem halben Würfel Hefe (ca. 20 Gramm) sowie dem Zucker, dem Vanillezucker, der Milch, einer Prise Salz und Mehl einen geschmeidigen Teig herstellen. Das Mehl nach und nach hinzugeben, damit der Teig nicht zu fest wird.

2 Der Teig sollte nun eine Stunde lang an einem warmen Ort gehen.

3 Den Teig nun etwa 1 cm dick ausrollen und danach in 5 cm breite Streifen schneiden. Jeden Streifen in der Mitte lang einschneiden und ein Ende durch das entstandene Loch ziehen, sodass sich die Seiten in sich drehen.

4 Zum Schluss das Öl in der Pfanne erhitzen und die Strauben darin nacheinander von beiden Seiten goldgelb ausbacken.

5 Als letzten Schritt das Gebäck nach Belieben mit Puderzucker und Zimt bestäuben.

„MALAI" |

ORANGENKUCHEN NACH RUMÄNISCHER ART

 1 Port.

 40 Min.

 Leicht

Zutaten

160 g Weizenmehl (Typ 405)
110 ml Wasser mit Kohlensäure
1 Prise Salz
2 TL Backpulver
2 Orangen
80 g Zucker
2 TL Kurkumapulver
50 g Pinienkerne
50 g Naturjoghurt mit 3,5 % Fettanteil
25 g Polenta
40 ml Sonnenblumenöl

etwas geriebene Zitronenschale
Puderzucker zum Bestäuben

Nährwerte p. P.

1229 kcal
333 g Kohlenhydrate
85 g Fett
59 g Eiweiß

1 Zunächst den Ofen auf 185 °C Ober-/Unterhitze oder 160 °C Umluft vorheizen. Währenddessen das Mehl mit dem Backpulver mischen und die Orangen gründlich unter fließendem Wasser abwaschen.

2 Danach die Orangen sorgfältig abtrocknen und halbieren. Zwei der vier Hälften pressen nun auspressen. Die anderen beiden Hälften in feine Spalten schneiden. Sie dienen später als Verzierung.

3 Den Orangensaft mit Polenta, Zucker, Kurkumapulver, Pinienkernen, Mineralwasser, Öl, Naturjoghurt und der abgeriebenen Schale einer Zitrone vermischen.

4 Das Gemisch der Mehl-Backpulver-Mischung hinzufügen und alles gut miteinander verrühren.

5 Als Nächstes eine Kuchenform Ihrer Wahl, z. B. eine Springform, einfetten und den Kuchen etwa 25 Minuten auf der mittleren Schiene im Ofen backen.

6 Im Anschluss den Orangenkuchen etwas abkühlen lassen und dann mit Puderzucker und Orangenspalten dekorieren.

Tipp: Dieser Kuchen ist auch als rumänischer Maiskuchen bekannt und ein typisches Rezept der siebenbürgischen Küche. Er kann auch mit Maismehl statt Weizenmehl gebacken werden, was ihn zu einer glutenfreien Variante machen würde.

„GERIAURT FUSSUIEN" |

WEIẞES BOHNENPÜREE

4 Port.

140 Min.

Mittel

Zutaten

500 g weiße Bohnen
150 ml Wasser
2 Zwiebeln
300 g Speck
1 EL Salz
2 EL Öl
1 TL Paprikapulver edelsüß
1 TL schwarzer Pfeffer

Nährwerte p. P.

579 kcal
215 g Kohlenhydrate
107 g Fett
102 g Eiweiß

1 Zunächst den Speck und die Zwiebeln mit einem scharfen Küchenmesser würfeln.

2 Das Wasser zusammen mit weißen Bohnen, Speckwürfeln, einer gehackten Zwiebel und dem Salz in einen Topf geben und das Ganze für ca. zwei Stunden bei niedriger Temperatur köcheln lassen. Falls die Masse beginnt auszutrocknen, einfach etwas mehr Wasser hinzugeben. Das Ganze öfter kontrollieren, damit nichts anbrennt.

3 Sobald alles gut eingekocht ist, den Speck mit einem Löffel herausnehmen und das Bohnen-Zwiebel-Gemisch mit einem Stabmixer pürieren. (Der Speck dient hier lediglich dem Geschmack, kann aber nach Belieben wieder mit hineingegeben oder aufbewahrt und für ein anderes Gericht verwendet werden.)

4 Nun das Öl in einer kleinen Pfanne auf dem Herd erhitzen.

5 Die restlichen Zwiebelwürfel nun im heißen Öl je nach Geschmack glasig bis goldbraun anbraten.

6 Die Gewürze hinzugeben und ebenfalls kurz mit anrösten.

7 Zum Schluss das Bohnenpüree in eine kleine Servierschüssel füllen und die geröstete Zwiebel darübergeben

Tipp: Dieses Püree kann je nach gewünschter Konsistenz mit Wasser oder Brühe verdünnt werden.

Salate & Blattgemüse

„KÁPOSZTASALÁTA" |

UNGARISCHER KRAUTSALAT MIT GEMÜSE

10 Port. 90 Min. Leicht

Zutaten

5 weiße Zwiebeln
1 kg Weißkohl
250 ml Sonnenblumenöl
250 ml Tafelessig
380 ml Wasser
2 EL Zucker
2 Lorbeerblätter
1 TL Kümmelsamen
1 Bund Dill
1 EL Salz
250 g rote Paprika
250 g grüne Paprika

Nährwerte p. P.

287 kcal
14 g Kohlenhydrate
23 g Fett
3 g Eiweiß

1 Als Erstes das Gemüse mit einem scharfen Küchenmesser klein schneiden. Die Paprikaschoten in feine Streifen und die Zwiebeln in Ringe teilen. Die Kräuter grob hacken.

2 Den Weißkohl mit Hilfe einer Reibe hobeln und alles mit Salz und Öl vermischen. Nun das Gemüse in Gläser füllen.

3 Das Wasser zusammen mit Zucker, Essig, Kräutern und Gewürzen aufkochen und danach den Dill und die Lorbeerblätter entfernen.

4 Den fertigen Sud danach gleichmäßig auf die Gläser verteilen, fest verschließen und in eine hohe gefettete Pfanne stellen. Wasser in die Pfanne gießen und diese bei 175 °C in den Backofen stellen.

5 Der Krautsalat verbleibt nun für eine Stunde im Ofen und wird eingekocht. Nach Ablauf der Zeit den Ofen ausschalten und die Gläser vor dem Servieren darin auskühlen lassen.

Tipp: Wenn Sie diesen Salat in Einmachgläsern dunkel und kühl lagern, hält er sich bis zu einem Jahr.

„SALATA DE CARTOFI" |

SIEBENBÜRGISCHER KARTOFFELSALAT

8 Port. 30 Min. Leicht

Zutaten

500 g Pellkartoffeln
2 Salzgurken
5 EL Tomatenpaprika
125 g Feldsalat
7 EL Öl
4 EL Essig
1 Zwiebel
1 Bund Schnittlauch
1 Bund Petersilie
2 Eier
1 TL Senf
etwas Knoblauchsalz
etwas Pfeffer
etwas Zucker

Nährwerte p. P.

613 kcal
37 g Kohlenhydrate
42 g Fett
20 g Eiweiß

1 Zunächst die Kartoffeln garkochen und im Anschluss pellen. Die Tomatenpaprika und die Salzgurken abgießen und klein hacken.

2 Die Mischung in eine große Schüssel geben, Salat waschen, dazugeben und mit Essig, Öl, Senf, Knoblauchsalz, Zucker und Pfeffer würzen. Eier hart kochen.

3 Als Nächstes die Zwiebel schälen und diese zusammen mit den Kräutern sehr fein hacken. Eier pellen und alles mit in die Schüssel geben und miteinander vermengen.

4 Zum Schluss ein paar frische Kräuter als Dekoration auf die Teller geben und den Salat servieren.

Tipp: Sie können diesen Salat auch wunderbar mit Gewürzgurken servieren. Kreuzkümmel gibt dem Salat eine besondere Note.

„SALATA DE ARDEI" |
SIEBENBÜRGISCHER PAPRIKASALAT

2 Port.

60 Min.

Leicht

Zutaten

8 Spitzpaprikaschoten (rot und/oder gelb)
2 EL Weißweinessig
etwas Salz
etwas Pfeffer
2 - 3 Knoblauchzehen
etwas Olivenöl

Nährwerte p. P.

379 kcal
45 g Kohlenhydrate
13 g Fett
9 g Eiweiß

1 Zunächst ein Backblech mit Backpapier auslegen und den Ofen auf 220 °C Ober-/Unterhitze vorheizen.

2 Die Paprika für eine halbe Stunde auf der mittleren Schiene im Ofen garen. Die Schoten nach etwa der Hälfte der Zeit wenden.

3 Die Schoten zum Abkühlen in eine verschließbare Form geben und anschließend die Haut abziehen.

4 Die Schoten halbieren und das Kerngehäuse entfernen. Nun den Knoblauch pellen, hacken und zu den Paprikaschoten in eine Schüssel geben. Zum Schluss den Essig, das Öl und alle Gewürze hinzugeben, alles gründlich miteinander vermengen und den Salat mit Salz und Pfeffer abschmecken.

Tipp: Füllen Sie den Paprikasalat in verschließbare Gefäße und lagern Sie ihn bis zu 30 Tage im Kühlschrank. Wenn Sie ihn servieren möchten, nehmen Sie ihn mindestens eine halbe Stunde vorher heraus, damit er seinen Geschmack entfalten kann. Dieser Salat eignet sich auch als Vorspeise oder Beilage zu deftigen Fleischgerichten.

„BŒUF SALÁTA" |
FLEISCHSALAT

4 Port.

25 Min.

Leicht

Zutaten

200 g blanchierte Erbsen
800 g Rindfleisch
200 g Gewürzgurken
1 EL Senf
3 Eigelb
2 Stk. Kohlrabi frisch
500 g Karotten
100 g Sellerie
1 Zwiebel
200 ml Öl
etwas Salz
etwas Pfeffer
Kräuter nach Belieben

Nährwerte p. P.

510 kcal
9 g Kohlenhydrate
51 g Fett
4 g Eiweiß

1 Zunächst das Rindfleisch in Salzwasser und das Gemüse in Brühe so lange kochen, bis es gar ist. Dann alles in mundgerechte Stücke schneiden und auch die Gewürzgurken klein schneiden. Alles miteinander vermengen. Nun das Dressing nach Art einer Mayonnaise herstellen. Dafür die Eigelbe mit dem Öl schaumig schlagen und den Senf hinzufügen. Das Dressing cremig rühren. Danach noch etwas Pfeffer und Salz sowie die Kräuter hinzugeben und alles miteinander vermengen.

2 Es ist ratsam, den Salat einige Stunden ziehen zu lassen, bevor man ihn serviert, damit er seinen vollen Geschmack entfalten kann. Das ist aber kein Muss.

Tipp: Wenn Sie Kalorien sparen möchten, verwenden Sie eine einfache Mischung aus Öl und Essig als Dressing anstelle der Mayonnaise. Diese macht den Salat etwas würziger und dafür weniger cremig.

„CUKKINI“ |

GEBACKENE ZUCCHINI

4 Port.

20 Min.

Leicht

Zutaten

2 Zucchini
3 Zwiebeln
1 EL Öl
500 g Tomaten, passiert
400 ml süße Sahne
1 Bund Dill
1/2 TL Salz
1 Prise schwarzer Pfeffer

Nährwerte p. P.

311 kcal
48 g Kohlenhydrate
6 g Fett
12 g Eiweiß

1 Zunächst das Öl in eine Bratpfanne erhitzen. Währenddessen die Zucchini schälen und stifteln. Die Zwiebeln schälen und würfeln und alles zusammen in die Pfanne geben. Das Ganze so lange dünsten, bis eine leicht goldbraune Farbe entsteht.

2 Als Nächstes den Dill hacken und ebenfalls zu dem Gemüse in die Pfanne geben. Die Temperatur reduzieren und dann zuerst die passierten Tomaten und zum Schluss die Sahne dazugeben. Die Masse für etwa zehn Minuten etwas einköcheln lassen, anschließend die Gewürze hinzufügen und abschmecken. Sollte die Masse noch nicht cremig genug sein, diese noch weitere Minuten köcheln lassen, bis die Flüssigkeit verkocht ist.

Tipp: Fügen Sie dem Rezept noch ein paar frische Tomaten hinzu, um eine fruchtige Note einzubringen. Für eine süßlich-frische Note, nehmen Sie fein gehackte rote Paprika.

„MURETURE“ |

Süß-SAUER GEMÜSE

8 Port.

40 Min.

Leicht

Zutaten

2 Zwiebeln
500 g Salatgurke
1 EL Salz
500 g gelbe Paprika
500 g grüne Tomaten (unreif)
250 g Zucker
1/2 l Wasser
1/4 l Essig

Nährwerte p. P.

393 kcal
41 g Kohlenhydrate
23 g Fett
3 g Eiweiß

1 Den Essig mit Zucker und Wasser in einem großen Topf zum Kochen bringen. Währenddessen das Gemüse ungeschält in Streifen bzw. in Spalten schneiden und salzen. Das Gemüse für ein paar Minuten in Salz ziehen lassen und anschließend in das siedende Wasser geben.

2 Das Ganze 15 Minuten kochen. Wenn das Gemüse noch bissfest, aber gut eingekocht ist, ist es bereit für den Verzehr.

3 Falls Sie das Gemüse für eine längere Zeit lagern möchten, sollten Sie es in luftdichte Gläser füllen und an einem dunklen und möglichst kühlen Ort platzieren.

Siebenbürgische Suppen

„ZALATEN LAWEND" |

MILCHSUPPE MIT EISBERGSALAT

5 Port.

50 Min.

Leicht

Zutaten

1,5 l Wasser
8 Eier (Größe M)
2 TL Salz
30 ml Essig
50 g Speck
1 Eisbergsalat
250 ml Vollmilch
4 Knoblauchzehen
20 g Mehl

Nährwerte p. P.

205 kcal
9 g Kohlenhydrate
12 g Fett
11 g Eiweiß

1 Den Speck mit Hilfe eines scharfen Messers würfeln und in heißem Öl kurz scharf anbraten. Hierfür eine ausreichend große Pfanne nehmen. Nun den Knoblauch hacken und ihn dann zu den Speckwürfeln in die Pfanne geben.

2 Den Eisbergsalat waschen und zerkleinern und ebenfalls mit in die Pfanne geben. Dann nach und nach das Wasser vorsichtig in die heiße Pfanne gießen. Der Eisbergsalat zerfällt in dem warmen Wasser und wird nach und nach kleiner.

3 Einen Deckel auf die Pfanne setzen und alles kurz aufkochen lassen. Dann das Salz hineingeben. Als Nächstes die Eier einzeln in die siedende Suppe schlagen, aber nicht verrühren. Die Eier werden schnell hart und dienen später als Einlage. Nun alles auf kleiner Flamme weitere 15 Minuten leicht köcheln lassen.

4 Als Nächstes eine weitere Pfanne hinzunehmen und die Milch hineingießen. Nun das Mehl in die Milch sieben und alles so gründlich mit dem Schneebesen verrühren, dass sich keine Klümpchen mehr bilden. Das Gemisch danach in die Suppe geben und alles zusammen noch einmal kurz aufkochen lassen. So bekommt sie eine leicht sämige Konsistenz.

5 Als letzten Schritt den Essig hinzugeben und die fertige Suppe servieren.

Tipp: Dieser Klassiker wird in Siebenbürgen auch kalt serviert und ist besonders im Sommer eine willkommene Erfrischung.

„ERDÉLYI BABLEVES" |

HERZHAFTE BOHNENSUPPE

 10 Port.  150 Min.  Mittel

Zutaten

2 l Wasser
2000 g geräucherte Rippchen
200 g weiße Bohnen
8 Lorbeerblätter
1 Zwiebel
3 Möhren
1 Bund Petersilie
3 Knollensellerie
1 TL edelsüßes Paprikapulver
5 EL Pflanzenöl
3 EL Weizenmehl (Typ 405)
200 g saure Sahne

Nährwerte p. P.

277 kcal
40 g Kohlenhydrate
9 g Fett
10 g Eiweiß

1 Verlesen Sie die Feuerbohnen und bringen Sie in der Zwischenzeit Wasser zum Kochen. Geben Sie die Bohnen in den Topf mit Wasser und kochen Sie sie darin für ca. 30 Minuten. Geben Sie die gefrorenen Edamame für die letzten 10 - 15 Minuten dazu.

2 Bereiten Sie das Dressing zu, indem Sie den Essig und den Honig in eine Salatschüssel geben. Schlagen Sie mit dem Schneebesen, während Sie das Öl dazulaufen lassen. Würzen Sie das Dressing mit Salz und Pfeffer.

3 Verlesen Sie die Blaubeeren. Waschen Sie den Spinat. Geben Sie den Spinat auf vier Teller. Verteilen Sie die Bohnen und Edamame darauf und übergießen Sie diese mit dem Dressing. Geben Sie die Blaubeeren und die Pistazien dazu und krümeln Sie den Blauschimmelkäse über jeden Teller.

Tipp: Verwenden Sie anstelle der weißen Bohnen auch Kidneybohnen oder Kichererbsen. Hierbei gehen sowohl TK-Produkte als auch Bohnen aus der Dose.

„CIORBA" |

GEMÜSESUPPE MIT FLEISCHBÄLLCHEN

4 Port. 40 Min. Leicht

Zutaten

200 g Sellerie
2 Karotten
150 g Weißkohl
2,5 Bund Petersilie
1/2 Stange Porree
2 Zwiebeln
2 EL Pflanzenöl
200 g Erbsen (TK)
1 TL Salz
1/2 TL Pfeffer
2 Lorbeerblätter
200 g saure Sahne
0,5 kg Rinderhack
1 Ei (Größe M)
2 EL Reis

Nährwerte p. P.

329 kcal
51 g Kohlenhydrate
8 g Fett
22 g Eiweiß

1 Als Erstes die Kräuter unter fließendem Wasser abbrausen, trocken schütteln, fein hacken und vorerst zur Seite stellen. Das Gemüse nun sehr gründlich waschen, schälen und klein würfeln. Eine Zwiebel zunächst aufbewahren. Den Reis so lange kochen, bis er weich ist, kurz abschrecken, damit er nicht klebt, und dann zur Seite stellen.

2 In einem hohen Gefäß in heißem Öl zunächst die Zwiebel, dann nach und nach das restliche Gemüse andünsten. Zum Schluss die Erbsen und die Lorbeerblätter hineingeben.

3 Dann alles mit 1,5 l Wasser aufgießen und die Suppe bei mittlerer Hitze einige Minuten köcheln lassen.

4 Während die Suppe köchelt, die Fleischbällchen herstellen. Hierzu die zweite Zwiebel hacken und diese mit der gehackten Petersilie vermengen.

5 Das Hack und den gekochten Reis zu der Masse geben und mit feuchten Händen kleine Fleischbällchen formen. Die Bällchen sollten maximal etwa pflaumengroß sein. Größere Bällchen würden in der Suppe schnell zusammenfallen oder nicht schnell genug garen.

6 Diese dann anschließend nach und nach in die köchelnde Suppe geben und das Ganze bei niedriger Temperatur mindestens 20 Minuten sanft köcheln lassen.

7 Im Anschluss die Suppe vom Herd nehmen und die Lorbeerblätter entfernen. Die Suppe mit Salz und Pfeffer abschmecken und vor dem Servieren pro Teller einen Klecks saure Sahne hinzugeben.

Tipp: Zum Abschmecken der Ciorba wird in Siebenbürgen auch gerne Sauerkrautsaft oder Molke genommen, um der Suppe eine säuerliche Note zu verleihen.

„TÁRKONYOS LEVES" |

ESTRAGON-SUPPE

4 Port.

60 Min.

Leicht

Zutaten

2 l Wasser
500 g Schälrippchen vom Schwein
2 Karotten
20 g Estragon, frisch
10 ml Essig
1 Zwiebel
1 Knoblauchzehe
5 große Kartoffeln
1 TL Salz
1 TL Mehl
1 EL Milch

Nährwerte p. P.

268 kcal
19 g Kohlenhydrate
14 g Fett
20 g Eiweiß

1 Die Schälrippen gründlich waschen und diese – falls notwendig – in kleinere Portionen schneiden.

2 Einen Topf mit dem Wasser aufsetzen und darin das Fleisch inklusive Knochen mit etwas Salz und gehacktem Estragon kochen.

3 Inzwischen die Karotten und Kartoffeln schälen und würfeln.

4 Knoblauch und Zwiebel schälen und später in einem Stück in die Suppe geben.

5 Das Gemüse zusammen mit dem Fleisch gar bzw. weich kochen.

6 Nun eine kleine Pfanne bei mittlerer Hitze erwärmen und aus Öl, Mehl und Milch eine möglichst klumpenfreie Mehlschwitze anrühren.

7 Die Suppe mit Essig, Salz und Pfeffer abschmecken und die Mehlschwitze nach und nach zum Andicken hineingegeben.

8 Da der Estragon an sich schon eine gewisse Würze mitbringt, mit dem anschließenden Abschmecken etwas vorsichtiger sein als sonst.

9 Die ganze Zwiebel und die Knoblauchzehe nun herausnehmen und die Suppe anrichten.

Tipp: Wenn Sie bei diesem Rezept anstelle der Kartoffeln weiße Bohnen einkochen, erhalten Sie eine klassisch siebenbürgische weiße Bohnensuppe, denn das Grundrezept ist dasselbe.

„SUPÂ BRÂNZĂ MOALE" |

CREMIGE CAMEMBERT-SUPPE

4 Port.

40 Min.

Leicht

Zutaten

200 g reifer Camembert
400 ml Gemüsebrühe
3 EL Butter
1 EL Mehl
2 Knoblauchzehen
1 Bund gehackte Petersilie
1/4 TL Salz
1/4 TL Pfeffer
350 ml trockener Weißwein
1 kleines (altes) Weißbrot

Nährwerte p. P.

445 kcal
28 g Kohlenhydrate
26 g Fett
15 g Eiweiß

1 Das Brot in Würfel schneiden und in eine Pfanne mit zwei Esslöffeln geschmolzener Butter geben. Die Brotwürfel darin so lange anrösten, bis diese das Fett aufgesogen haben und sie goldbraun geworden sind. Die fertigen Croûtons zunächst beiseitestellen.

2 In einem großen Topf nun aus einem Esslöffel Butter und Mehl eine klumpenfreie Mehlschwitze herstellen. Eine Knoblauchzehe zerdrücken und hacken und zur Mehlschwitze geben.

3 Das Ganze nun mit der Gemüsebrühe ablöschen und bei mittlerer Hitze köcheln lassen. Derweil den reifen Camembert würfeln. Dieser mit in die Suppe geben und unter ständigem Rühren langsam schmelzen lassen. Nun die Temperatur reduzieren und so lange weiterrühren, bis sich alles zu einer cremigen Suppe vereint hat.

4 Die Petersilie waschen, hacken und in die Suppe geben. Nun mit Salz und Pfeffer abschmecken. Die Suppe sollte zum jetzigen Zeitpunkt nicht mehr köcheln.

5 Als letzten Schritt den trockenen Weißwein angießen und die Suppe noch einige Minuten auf der Herdplatte ziehen lassen und mit den goldbraunen Croûtons servieren.

Tipp: Sie können anstelle von Camembert auch einen würzigen Blauschimmelkäse Ihrer Wahl – z. B. Gorgonzola – verwenden. Wenn es etwas milder sein darf, verwenden Sie stattdessen einen jungen, cremigen Weichkäse wie beispielsweise Brie.

„BARSZCZ" |

KALTE ROTE BETE-SUPPE

 2 Port.

 20 Min.

 Leicht

Zutaten

1/2 TL Salz
1/4 TL Pfeffer
500 g (Abtropfgewicht) Rote Bete im Glas
200 ml Rote Bete-Saft (aus dem Glas)
200 ml saure Sahne
200 ml Joghurt
2 Eier
3 Gewürzgurken
1 Zwiebel

Nährwerte p. P.

374 kcal
34 g Kohlenhydrate
18 g Fett
17 g Eiweiß

1 Zunächst die Eier so lange kochen, bis sie hart sind. Als Nächstes die geschälte Zwiebel raspeln und den Saft der Rote Bete in ein extra Gefäß gießen. Die Rote Bete und die Gewürzgurken in Streifen schneiden.

2 Den Saft der Roten Bete mit dem Joghurt und der Hälfte der sauren Sahne vermengen und mit Salz und Pfeffer würzen. Dann das Gemüse mit in die Suppe geben und diese kaltstellen.

3 Die Petersilie hacken und die Eier pellen. Die Eier mit Hilfe eines Eierschneiders in feine Ringe schneiden. Jede Portion mit einem Hauch Petersilie und Eierscheiben darauf servieren.

4 Zum Schluss noch jeweils einen Esslöffel saure Sahne auf jeden Teller geben.

Dips, Snacks und Vorspeisen

„ZACUSCA“ |

ROTES GEMÜSEPÜREE

10 Port.

100 Min.

Leicht

Zutaten

1,5 kg Auberginen
1,5 kg rote Paprika
500 g Zwiebeln
750 g passierte Tomaten
1 Lorbeerblatt
2 EL Salz
1 EL gemahlener schwarzer Pfeffer
200 ml Sonnenblumenöl

Nährwerte p. P.

301 kcal
20 g Kohlenhydrate
19 g Fett
6 g Eiweiß

1 Zunächst die Zwiebeln in kleine Würfel schneiden und diese in einer Pfanne mit heißem Öl glasig anschwitzen.

2 Die Paprikaschoten und Auberginen auf einen Rost legen und auf mittlerer Schiene im Grill bzw. Ofen bei einer Temperatur von 200 °C Ober-/Unterhitze garen.

3 Nach etwa einer halben Stunde ist das Gemüse weich. Nun die Haut abziehen und das Fruchtfleisch so fein wie möglich hacken. Das gehackte Gemüse, das Lorbeerblatt, Salz und Pfeffer zu den Zwiebeln in die Pfanne geben und alles zusammen etwa zehn Minuten bei mittlerer Hitze weiter anbraten. Anschließend die Temperatur reduzieren, die passierten Tomaten hinzufügen und unter ständigem Rühren auf niedriger Stufe so lange in der Pfanne einkochen, bis eine cremige Konsistenz entsteht. Das Lorbeerblatt entnehmen.

4 Die Zacusca noch heiß in Einmachgläser füllen und luftdicht verschließen. Sofern die Zacusca nicht direkt komplett verwendet wird, sollte sie kühl und dunkel gelagert werden, um sie möglichst lange haltbar zu machen.

Tipp: Das Zacusca eignet sich nicht nur hervorragend als Dip oder Brotaufstrich, sondern lässt sich auch als Würzpaste zu sämtlichen Eintöpfen oder Schmorgerichten ergänzend verwenden.

„SARMA" |

SIEBENBÜRGISCHE KRAUTWICKEL

4 Port.

160 Min.

Mittel

Zutaten

1 1/2 TL edelsüßes Paprikapulver
50 g Weizenmehl (Typ 405)
1 TL Kümmelsamen
2 Lorbeerblätter
1 TL Salz
1 ganzer Kopf sauer eingelegter Weißkohl
150 g Basmatireis
2 Eier
500 g gemischtes Rinderhack
2 EL Tomatenmark
1/2 TL Pfeffer
1 Prise Zucker
2 Zwiebeln
1 EL Senf
200 g magere Schinkenwürfel
2 TL körnige Gemüsebrühe
50 g Butter

Nährwerte p. P.

716 kcal
49 g Kohlenhydrate
40 g Fett
43 g Eiweiß

1 Zunächst die eingelegten Kohlblätter einzeln unter fließendem Wasser abspülen und danach zum Abtropfen in ein Sieb geben. Unterdessen den Basmatireis garen. Die Zwiebeln und den Knoblauch schälen und fein hacken.

2 Nun aus den Eiern, dem Rinderhack, Reis, Senf sowie fein gehacktem Knoblauch und Zwiebeln eine Teigmasse herstellen und mit Paprikapulver, Kümmelsamen sowie Salz und Pfeffer abschmecken.

3 Mit angefeuchteten Händen aus der Teigmasse längliche Röllchen formen, die längs auf die einzelnen Kohlblätter passen. Die Blätter nun aufrollen und die Enden einschlagen. In einer separaten Schüssel das Tomatenmark in 1,5 l Brühe auflösen.

4 Die Krautwickel dicht zusammen in einem großen Topf schichten. Die mageren Schinkenwürfel und die Lorbeerblätter mit in den Topf geben und alles mit der Gemüsebrühe angießen. Alle Wickel sollten vollständig bedeckt sein.

5 Das Ganze nun bei geringer Wärmezufuhr etwas aufkochen und zwischendurch immer wieder kontrollieren, ob noch genügend Flüssigkeit vorhanden ist. Falls nicht, etwas Wasser nachgießen.

6 Als Nächstes die Lorbeerblätter und Schinkenwürfel entfernen und die restliche Flüssigkeit aufheben. In einem weiteren Topf eine Mehlschwitze herstellen. Dafür die Butter schmelzen lassen und das Mehl unter ständigem Rühren mit der Butter verbinden.

7 Dann die Garflüssigkeit dazugießen und so eine Sauce für die Krautwickel herstellen. Alles zusammen fünf Minuten aufkochen und die Sauce mit Salz, Pfeffer und Zucker abschmecken.

8 Die Kohlrouladen bzw. Krautwickel noch heiß auf einem Saucenspiegel servieren.

Tipp: Dieser Klassiker der siebenbürgischen Küche eignet sich nicht nur hervorragend als Vorspeise, sondern wird unter anderem auch als Hauptgang beispielsweise mit Kartoffelbrei oder Fladenbrot gegessen.

„OUĂ UMPLUTE" |

GEFÜLLTE EIER

5 Port.

30 Min.

Leicht

Zutaten

10 Eier (Größe L)
2 EL weiche Butter
1 Bund Petersilie
5 Cherrytomaten
50 g Kochschinken
Pfeffer und Salz nach Belieben
Saft von 1/2 Zitrone
1 EL Senf
1 EL Essig
20 ml Öl

Nährwerte p. P.

139 kcal
21 g Kohlenhydrate
31 g Fett
40 g Eiweiß

1 Als ersten Schritt die Eier kochen, bis diese hart sind. Nach einer kurzen Abkühlphase das Eigelb vorsichtig vom Eiweiß heraustrennen.

2 Dafür die Eier halbieren und den Dotter mit einem Teelöffel entfernen. Die Eiweiße kaltstellen.

3 Die Cherrytomaten halbieren oder vierteln und die Petersilie hacken. Danach den Schinken mit einem scharfen Küchenmesser ebenfalls sehr fein hacken.

4 Aus dem harten Eigelb sowie Butter, Essig, Zitrone, Senf als auch Salz und Pfeffer eine feine Masse herstellen. Alles sehr gründlich verrühren und dann nach und nach das Öl einträufeln lassen. Wenn alles eine dickflüssige Mayonnaise geworden ist, den fein gehackten Schinken hineingeben und alles gut durchmischen.

5 Die Eiweiße nun auf der Servierplatte bzw. dem Teller platzieren. Die Mayonnaise dann in einen Spritzbeutel füllen und damit die Kuhlen in den Eiweißen befüllen.

6 Die gefüllten Eier mit der gehackten Petersilie und den Tomaten garnieren und zum Schluss noch mit etwas Pfeffer bestreuen. Sollte noch etwas Mayonnaise übrig sein, kann diese dekorativ auf die Servierplatte gebracht oder als Brotaufstrich verwendet werden.

„TÖLTÖTT BAGETT“ |

HERZHAFT GEFÜLLTE BAGUETTES

 4 Port.  30 Min.  Leicht

Zutaten

2 Stangen Baguette
300 g Sahne
2 Eigelb
2 Eier
400 g geräucherte Schinkenwurst
1 TL Senf
1/2 TL Salz
1 Prise Pfeffer
1 Prise Zucker

Nährwerte p. P.

627 kcal
29 g Kohlenhydrate
45 g Fett
26 g Eiweiß

1 Als Erstes die Eier hart kochen. Dann etwas abkühlen lassen und in der Zwischenzeit die geräucherte Schinkenwurst in feine Stücke schneiden. Die Eier pellen und mit der Wurst zu einer cremigen Masse vermengen.

2 Die Baguettes aushöhlen, sodass jeweils eine längliche Mulde entsteht.

3 Die beiden Eigelbe schaumig schlagen und dann mit dem Zucker, Sahne, Senf, Salz und Pfeffer verrühren. Den Mix aus Wurst und Eiern mit in die Masse geben und alles in den Baguettes verteilen.

4 Die Baguettes für etwa 15 Minuten bei ca. 180 °C Umluft oder 200 °C Ober/-Unterhitze in den Backofen schieben.

5 Die fertigen Baguettes noch heiß in Scheiben schneiden und servieren.

Tipp: Das übrige Brot können Sie auch als Haube wieder auf die Baguettes setzen, bevor Sie diese im Ofen backen. Es ist auch möglich, das Brot mit in die Masse zu bröseln, um eine festere Konsistenz zu erhalten. Geben Sie nach Belieben noch etwas geriebenen Käse hinein oder darüber und reichen Sie als kleine Beilage saure Gurken.

„VINETE" | AUBERGINENSALAT

2 Port.

30 Min.

Leicht

Zutaten

1/2 Zwiebel
2 Auberginen
3 EL Essig
3 EL Öl
1/2 TL Salz
Pfeffer nach Belieben

Nährwerte p. P.

237 kcal
6 g Kohlenhydrate
21 g Fett
3 g Eiweiß

1 Die Auberginen nach dem Waschen längs in etwa 1,5 cm dicke Scheiben schneiden. Die Auberginenscheiben dann auf ein mit Backpapier ausgelegtes Blech legen und von beiden Seiten salzen.

2 Nun die Auberginen etwa zehn Minuten ziehen lassen, bevor sie bei 200 °C Umluft im Ofen so lange garen, bis sie weich sind.

3 In der Zwischenzeit aus Essig, Öl, Salz und Pfeffer eine Art Dressing herstellen. Die Zwiebeln fein hacken und sie mit in das Dressing geben.

4 Wenn die Auberginen weich sind, diese aus dem Ofen nehmen und in mundgerechte Stücke schneiden. Dann das Dressing darüber träufeln und alles gut miteinander vermengen. Nun darf serviert werden.

„GRIEẞSCHEFFKER" |

GEBACKENE GRIEẞBÄLLCHEN

4 Port.

40 Min.

Schwer

Zutaten

750 ml Milch
8 EL Zucker
7 EL Grieß
30 g Butter
6 TL Paniermehl
8 EL feine Marmelade (z. B. Aprikose)

Nährwerte p. P.

494 kcal
81 g Kohlenhydrate
14 g Fett
9 g Eiweiß

1 Die Milch in einem großen Topf zum Kochen bringen. Dann fünf Esslöffel Zucker hineinrühren und auch den Grieß dazugeben. Die Masse etwa sieben bis acht Minuten unter ständigem Rühren und nicht zu hoher Temperatur köcheln lassen.

2 Die Butter, den restlichen Zucker sowie das Paniermehl in eine kleine Schale geben und eine Panade herstellen.

3 Im Anschluss den Grieß vom Herd nehmen und daraus kleine, flache Scheiben formen. Nun einen Klecks Marmelade hineingeben und die Scheiben dann zu kleinen Kugeln formen.

4 Diese Kugeln zum Schluss in der Panade wälzen, kurz in einer Pfanne anbraten und servieren.

Tipp: Servieren Sie das Gericht auch als Dessert mit frischem Obst oder selbstgemachtem Kompott.

Hauptspeisen mit Fleisch

„PALUKES UND FLECKENFLEISCH" |

KLASSISCHES SCHMORFLEISCH AUF MAISBREI

7 Port.

130 Min.

Mittel

Zutaten

500 g grobes Maismehl
2 kg Schweinenacken
3 Knoblauchzehen
1 Zwiebel
2 Lorbeerblätter
je 1 TL Salz und Pfeffer, grob gemahlen
2 Wacholderbeeren

Nährwerte p. P.

889 kcal
53 g Kohlenhydrate
42 g Fett
84 g Eiweiß

1 Zunächst den Ofen auf 220 °C Ober-/Unterhitze vorheizen. Dann den Schweinenacken gründlich unter fließendem Wasser waschen und trocken tupfen.

2 Zwiebel und Knoblauch mit Schale halbieren und zusammen mit den Wacholderbeeren und Lorbeerblättern in einen Schmortopf geben.

3 Das Ganze nun salzen und pfeffern und anschließend mit 500 ml Wasser aufgießen. Nun das Fleisch mit hineinlegen und das Ganze zugedeckt auf mittlerem Rost für zwei Stunden im Ofen garen.

4 Nach 1 1/2 Stunden den Deckel entfernen und das Fleisch die letzte halbe Stunde von außen knusprig werden lassen.

5 Als Nächstes den Palukes vorbereiten. Dafür in einem großen Topf zwei Liter Salzwasser zum Kochen bringen und das Maismehl unter stetigem Rühren sanft ins Wasser rieseln lassen.

6 Nun nach und nach die Temperatur drosseln, bis der Maisbrei nur noch leicht köchelt und zu quellen beginnt. Das Ganze langsam zu einem Brei werden lassen und ggf. noch Wasser hinzugeben, sollte die Masse zu trocken werden. Wenn der Brei sämig und weich geworden ist, ist der Palukes fertig.

7 Den Palukes auf Tellern verteilen und das Fleisch aus dem Ofen nehmen. Das Fleisch etwa fünf Minuten ruhen lassen und anschließend mit einem scharfen Messer in Streifen schneiden.

8 Das Fleisch bzw. Flecken mit Pfeffer und Salz würzen und aus dem restlichen Sud im Schmortopf eine Bratensauce herstellen. Die Flecken portionsweise auf dem Palukes verteilen und mit Bratensauce servieren.

Tipp: Palukes – auch Mămăligă genannt – ist ein klassisches Gericht aus der siebenbürgischen Küche und hat eine starke Ähnlichkeit zur italienischen Polenta. Oft wird der Brei mit Käse, z. B. Schafskäse, zubereitet und dient entweder als Beilage oder auch als Hauptmahlzeit.

„BORSCHTSCH" |
SIEBENBÜRGER FLEISCHTOPF

4 Port.

40 Min.

Mittel

Zutaten

1 Bd. Suppengrün
125 ml saure Sahne
500 g Weißkohl
Salz und Pfeffer nach Belieben
2 Stangen Lauch
3 Karotten
1 rote Rübe
4 Kartoffeln
6 EL Tomatenmark
½ TL Liebstöckelpulver
750 g Suppenfleisch
1 kleiner Sellerie
½ Zitrone

Nährwerte p. P.

1009 kcal
85 g Kohlenhydrate
14 g Fett
115 g Eiweiß

1 Zunächst das Suppenfleisch in ca. einem Liter Wasser so lange kochen, bis es weich ist.

2 Während das Fleisch gart, das Gemüse waschen, schälen und in mundgerechte Stücke schneiden. Sobald das Fleisch weich ist, etwa 500 ml von dem Wasser entnehmen und dann darin das Gemüse kochen, bis es ebenfalls weich ist. Währenddessen das Suppenfleisch ebenfalls in mundgerechte Stücke schneiden und dabei mögliche Knorpel oder Reste von Knochen entfernen.

3 Das Fleisch nun zurück in die Suppe mit dem Gemüse geben, das Tomatenmark einrühren und mit der restlichen Brühe auffüllen. Die halbe Zitrone auspressen und die Suppe damit abschmecken. Weiterhin mit dem Liebstöckelpulver sowie Salz und Pfeffer abschmecken.

4 Nun das Gericht noch einmal kräftig aufkochen. Das fertige Borschtsch nun in Suppentassen mit jeweils einem Klecks saure Sahne servieren.

Tipp: Dieses Rezept erfreut sich nicht nur in Siebenbürgen, sondern in ganz Osteuropa großer Beliebtheit. Es ist sehr wandlungsfähig und kann beispielsweise auch wunderbar mit Wirsing statt Weißkohl zubereitet werden. Hier dürfen Sie gerne kreativ werden und nach Ihren Wünschen abwandeln.

„ŞNIŢEL" |

SIEBENBÜRGER ZWIEBELFLEISCH

4 Port. 120 Min. Leicht

Zutaten

500 g Rindfleisch z. B. Rouladenfleisch
200 ml Wasser
500 g Zwiebeln
2 Knoblauchzehen
je 1 TL Salz und Pfeffer
1/2 TL Paprikapulver edelsüß

Nährwerte p. P.

395 kcal
15 g Kohlenhydrate
11 g Fett
57 g Eiweiß

1 Zunächst die Zwiebeln schälen und würfeln und den Knoblauch schälen und hacken. Sofern das Fleisch noch unvorbereitet ist, das Rindfleisch in sehr dünne Scheiben schneiden. Dann das Fleisch so lange klopfen, bis es hauchdünn geworden ist.

2 Die Scheiben nun mit allen Gewürzen kräftig einreiben und in einer Schmorpfanne kurz und scharf anbraten.

3 Das Fleisch nun wieder herausnehmen und die Zwiebeln und den Knoblauch hineingeben. Das Ganze bei mittlerer Hitze gut andünsten.

4 Anschließend mit dem Wasser ablöschen und das Fleisch in die Schmorpfanne geben. Den Deckel auflegen und alles 30 Minuten schmoren.

5 Darauf achten, dass nichts anbrennt. Das Fleisch zwischenzeitlich wenden, sobald das Wasser verkocht ist.

6 Sollte zum Schluss noch zu viel Flüssigkeit übrig sein, die Hitze erhöhen und das Fleisch ohne Deckel so lange garen, bis es gänzlich verkocht ist. Nun kann serviert werden.

„PUI UMPLUT“ |

GEFÜLLTES HUHN

4 Port.

100 Min.

Mittel

Zutaten

1 1/2 TL Salz
1/2 TL Pfeffer
1 TL getrockneter Majoran
1 TL getrocknete Petersilie
2 alte Brötchen
220 ml Milch
4 Eier
120 g Butter
180 g Gänseleber
180 g Champignons
150 g geräucherter Schweinebauch
2 Zwiebeln
100 g Griebenschmalz
1 ganzes Huhn

Nährwerte p. P.

2173 kcal
43 g Kohlenhydrate
167 g Fett
122 g Eiweiß

1 Zunächst zwei Eier hart kochen. Die alten Brötchen in Milch einlegen und diese gut durchweichen lassen.

2 Die Gänseleber, die Champignons, den Schweinebauch und die Zwiebeln würfeln. Den Speck möglichst von der Schwarte trennen.

3 Die Schwarte ebenfalls würfeln und diese zusammen mit etwa der Hälfte der Butter auslassen, um dann die Zwiebeln und Pilze darin golden zu rösten.

4 Die restlichen Eier mit der Butter verquirlen und dann die Brötchen gut ausdrücken, anschließend klein zupfen und anschließend mit in die Pfanne geben.

5 Die Temperatur der Herdplatte nun reduzieren und die hartgekochten Eier pellen. Diese ebenfalls zerkleinern und mit der Leber zusammen noch kurz mit in die Pfanne geben.

6 Das Huhn ausnehmen und von innen und außen mit den Gewürzen einreiben. Als Nächstes die Masse hineingeben und das Huhn mit Küchengarn zunähen.

7 Das Schmalz in der restlichen Butter zerlassen. Das Huhn in eine gefettete Form geben und mit dem heißen Fett übergießen.

8 Das Huhn nun für etwa 45 Minuten auf dem mittleren Rost bei 180 °C Umluft garen.

„GULAS DE PUI" |

HÄHNCHENGULASCH ALA MAMA

4 Port.

90 Min.

Mittel

Zutaten

3 Gemüsezwiebeln
450 ml Hühnerbrühe
1 EL Öl
4 große Hähnchenkeulen
1 rote Paprika
1 Knoblauchzehe
1/2 TL Salz
1 Prise Pfeffer

Nährwerte p. P.

797 kcal
25 g Kohlenhydrate
40 g Fett
81 g Eiweiß

1 Zunächst das gewaschene und geschälte Gemüse würfeln. Dann das Öl in einer Pfanne erhitzen und das Gemüse bei mittlerer Hitze in einem Schmortopf anbraten.

2 Nun die Hähnchenkeulen dazugeben und die Temperatur erhöhen. Die Keulen dabei regelmäßig wenden, jedoch dürfen sie gerne etwas Farbe annehmen.

3 Danach alles mit Brühe ablöschen und den Deckel auf den Topf setzen. Die Temperatur reduzieren und das Gericht 45 Minuten garen.

4 Darauf achten, dass das Fleisch großzügig von der Brühe umgeben ist und das Fleisch zwischendurch immer mal wieder wenden.

5 Wenn die letzten fünf Minuten anbrechen, den Deckel entfernen und die Hitze erhöhen. Wenn das Wasser vollständig verkocht ist, sind die Keulen fertig.

6 Zum Schluss abschmecken und servieren.

„MITITEI" |

RUMÄNISCHE HACKBÄLLCHEN

4 Port.

30 Min.

Leicht

Zutaten

2 Knoblauchzehen
2 Zweige Thymian
2 Stiele Bohnenkraut
500 g Rinderhackfleisch
1 EL Natron
70 ml Mineralwasser
2 EL Salz
1 TL Pfeffer

Nährwerte p. P.

651 kcal
6 g Kohlenhydrate
48 g Fett
49 g Eiweiß

1 Die Kräuter waschen und hacken. Den Knoblauch schälen und ebenfalls hacken.

2 Als nächsten Schritt die Kräuter mit dem Knoblauch zusammen in eine Schüssel geben und das Natron sowie die Gewürze hinzufügen.

3 Das Hack mit in die Schüssel geben sowie das Wasser dazugeben, damit die Bällchen schön saftig werden.

4 Das Öl in die Pfanne geben und bei hoher Temperatur erhitzen. Aus der Hackfleischmischung nun kleine Frikadellen formen und diese nebeneinander in die Pfanne legen.

5 Die Bällchen rundherum scharf anbraten. Nach ca. 15 Minuten dürfte das Fleisch gar sein und die Bällchen gut gebräunt. Dann kann serviert werden.

„PATEU DE CARNE TOCATA" |

HACKFLEISCH-PASTETEN

6 Port.

70 Min.

Leicht

Zutaten

1 Paket Blätter- oder Filoteig
500 g gemischtes Hackfleisch
250 g Zwiebeln
etwas Öl zum Braten
90 g Schmand
1 Ei
50 g Petersilie
80 g Butter
etwas Salz
etwas Pfeffer

Nährwerte p. P.

600 kcal
33 g Kohlenhydrate
42 g Fett
21 g Eiweiß

1 Die Zwiebeln schälen, fein hacken und mit dem Hackfleisch vermengen. Die Mischung nun so lange in Öl kräftig angebraten, bis sie krümelig wird. Anschließend mit Salz und Pfeffer würzen.

2 Nun die Mischung in ein feines Sieb geben und das Fett abtropfen lassen, damit alles etwas trockener wird. Gleichzeitig sollte die Mischung auch etwas auskühlen, damit man sie besser verarbeiten kann.

3 Anschließend den Schmand und das Ei in die abgekühlte Hackfleischmischung geben und alles noch ein wenig nachwürzen. Die Petersilie hacken und in der Mischung verteilen.

4 Den Ofen auf 180 °C Umluft vorheizen und ein Backblech mit Papier auslegen. Die einzelnen Teigblätter nun nach Bedarf kleiner schneiden, mit flüssiger Butter bestreichen und stapeln. Die Teigplatten anschließend nicht zu dick mit der Hackfleischmischung bestreichen und dann einige Teigdecken darauf schichten.

5 Die Pasteten zum Schluss einschneiden und die Enden zusammendrücken, sodass die Füllung nicht austreten kann.

6 Die Pasteten etwa 30 Minuten auf mittlerer Schiene backen. Sie sollten eine leicht goldgelbe Farbe annehmen und können anschließend serviert werden.

Tipp: Die Pasteten müssen nicht zwingend mit Hackfleisch gefüllt werden. Wie wäre es zum Beispiel mit einer vegetarischen Variante mit Kartoffeln oder Lauch? Sie eignen sich außerdem auch prima als Fingerfood. Hierbei sollten Sie nicht zu viel Füllung je Pastete nehmen, damit der Teig beim Essen nicht durchweicht.

„PLACA DE LEMN PENTRU CARNE" |

SIEBENBÜRGISCHE HOLZPLATTE

6 Port.

30 Min.

Mittel

Zutaten

2 Scheiben gegartes Rumpsteak
2 Scheiben gebackene Kalbskeule
2 Scheiben vom Schweinekotelett ohne Knochen
1 Wiener Würstchen
300 g frittierte Pommes
etwas Salz
etwas Pfeffer
1 Zwiebel
1 EL Öl
100 g Schmalz
1 - 2 dünne Kartoffelpuffer
80 g Räucherspeck
ggf. Beilagen wie Krautsalat/Gewürzgurken/Tomatensalat usw. je nach Geschmack

Nährwerte p. P.

783 kcal
34 g Kohlenhydrate
50 g Fett
48 g Eiweiß

1 Das in Scheiben geteilte Fleisch zunächst leicht klopfen und von allen Seiten mit Pfeffer und Salz einreiben.

2 Die Zwiebel schälen, hacken und mit dem Öl vermischen. Das Fleisch damit marinieren.

3 Das Fleisch nun auf einer runden Holzplatte kreisförmig am Außenrand anrichten.

4 Die frittierten Pommes würzen und in die Mitte der Platte geben. Die Kartoffelpuffer auf Rouladenstäbchen fädeln und dekorativ auf die Pommes legen.

5 Die Wurst etwas einschneiden und braten, dann vierteln und die Viertel und die Speckscheiben ebenfalls auf Rouladenstäbchen stecken und auf die Platte legen.

6 Die Beilagen auf kleine Servierschüsseln verteilen und diese neben die Holzplatte stellen, sodass jeder sich bedienen kann.

7 Verwenden Sie am besten einige der Beilagen und Salate aus diesem Kochbuch.

Tipp: Statt der Pommes könnten Sie auch wunderbar Speckknödel oder Salzkartoffeln auf der Holzplatte servieren. Das Rezept für Speckknödel finden Sie auf der folgenden Seite.

„GĂLUȘTE CU SLĂNINĂ" | SPECKKNÖDEL

4 Port.

60 Min.

Leicht

Zutaten

350 g Weißbrot
150 g Speck
1 Zwiebel
2 EL gehackte Petersilie
60 g Butter
60 g Mehl
3 mittelgroße Eier
200 ml Milch

Nährwerte p. P.

574 kcal
57 g Kohlenhydrate
57 g Fett
20 g Eiweiß

1 Das Brot zunächst klein schneiden und in eine große Schüssel geben. Den Speck klein schneiden. Die Zwiebel schälen und hacken, die Petersilie ebenfalls fein hacken und alles hinzufügen.

2 Das Ganze nun mit dem Mehl mischen und anschließend die Milch und die Butter mit den Eiern verquirlen. Pfeffer und Salz großzügig hinzugeben und das Gemisch in die Schüssel zu den Brotwürfeln gießen.

3 Als Nächstes alles gut mit den Händen durchkneten und das Gemisch 20 Minuten ziehen lassen.

4 In einem Topf Wasser aufsetzen und leicht zum Köcheln bringen. Etwas Salz hineingeben und danach die Temperatur reduzieren.

5 Mit den Händen kleine Knödel formen und diese vorsichtig nach und nach in das siedende (nicht kochende!!) Wasser geben.

6 Die Knödel nach ca. 15 Minuten mit einer kleinen Schöpfkelle herausnehmen und abtropfen lassen.

7 Zum Servieren noch ein paar Fingerspitzen gehackte Petersilie auf den Knödeln verteilen.

Tipp: Der Knödelteig schmeckt auch ohne Speck fantastisch. Fügen Sie dem Knödelteig anstelle des Specks beispielsweise karamellisierte Zwiebeln hinzu und verwenden Sie im Mörser zerstoßene Kümmelsamen. Probieren Sie ebenfalls die vegetarische Variante mit Käse aus.

„UMĂR DE IEPURE CU MĂSLINE“ |
KANINCHENSCHULTER MIT OLIVEN

8 Port. 80 Min. Leicht

Zutaten

3,5 kg Hasenfleisch von der Schulter
20 ml Öl
1 Zwiebel
20 ml Tomatensaft
20 ml trockener Rotwein
1 TL Pfefferkörner
2 Lorbeerblätter
1 TL Salz
1 Prise gemahlener Pfeffer
1/2 Zitrone
5 Knoblauchzehen
1 Glas grüne Oliven

Nährwerte p. P.

668 kcal
3 g Kohlenhydrate
37 g Fett
79 g Eiweiß

1 Zunächst das Fleisch reinigen und mit einem scharfen Messer Sehnen und Häute abtrennen. Das zarte Kaninchenfleisch in Stücke schneiden und in Öl scharf anbraten.

2 Das Fleisch so lange braten, bis es eine dunkle Kruste bekommt. Dann aus der Pfanne nehmen, salzen und pfeffern.

3 Als Nächstes die zerkleinerte Zwiebel und den Knoblauch ebenfalls in heißem Öl anbraten und das Öl schließlich gründlich abseihen. Das Öl ohne Zwiebelstücke in einen kleinen Topf mit Griff (Kasserolle) füllen.

4 Die Fleischstücke dazugeben. Die Mischung mit Tomatensaft und Rotwein aufgießen und die ganzen Pfefferkörner sowie die Lorbeerblätter hinzufügen.

5 Falls die Flüssigkeit zu dick ist, noch etwas Wein nachgießen. Es darf kein Wasser mit hinein, weil das Gericht sonst seine markante Würze verliert.

6 Das Gericht nun bei geringer Hitze etwa 60 Minuten in der Kasserolle schmoren.

7 Während der letzten 15 Minuten die halbe Zitrone in Scheiben dazugeben und auch die Oliven mit anwärmen.

8 Das Gericht abkühlen lassen und kalt mit frisch gemahlenem Pfeffer servieren.

„FRIPTURĂ DE CĂPRIOARĂ CU MERIȘOARE" |

REHRÜCKENBRATEN MIT PREISELBEEREN

10 Port. 90 Min. Schwer

Zutaten

1 Rehrücken
50 g Butter
80 g Speck
1 TL Salz
1 TL Pfeffer
20 ml Öl
1 Zitrone
10 ml Sahne
2 Gläser Preiselbeeren

Nährwerte p. P.

437 kcal
3 g Kohlenhydrate
29 g Fett
39 g Eiweiß

1 Zunächst den Rehrücken häuten und von allen Seiten gleichmäßig einschneiden. Es sollten keine Knochen mehr hervorstechen. Daher ein scharfes Messer verwenden.

2 Den Rehrücken mit Speckstreifen spicken, pfeffern und salzen und in ein großes Behältnis geben. Die Zitrone auspressen und über das Fleisch gießen.

3 Das Öl ebenfalls darübergießen und den Braten ca. vier Stunden kaltstellen.

4 Die Butter schmelzen und die Sahne hinzufügen. Dann den Braten damit einstreichen und dies zwischendurch mehrfach wiederholen, während der Braten bei 200 °C Umluft für 45 Minuten auf mittlerer Schiene im Ofen gart. Danach das Fleisch der Länge nach vorsichtig von den Rippen lösten und schräg in beliebig dicke Scheiben schneiden.

5 Den durchpassierten Bratensaft aufbewahren und mit zwei Gläsern Preiselbeeren in die Pfanne heben. Kurz zusammen köcheln lassen und schließlich den Braten zusammen mit der Sauce anrichten. Dazu passen Salzkartoffeln und Graubrot.

„ȘNITEL CU BOIA" |

PAPRIKASCHNITZEL

8 Port.

180 Min.

Leicht

Zutaten

1 kg Schweinefleisch
50 ml Öl
1 Zwiebel
1 rote Paprika
1 grüne Paprika
1 EL edelsüßes Paprikapulver
2 geschälte Tomaten
1 TL Salz
1 TL Mehl

Nährwerte p. P.

381 kcal
4 g Kohlenhydrate
25 g Fett
35 g Eiweiß

1 Das Schweinefleisch in Scheiben schneiden. Die Schnitzel nacheinander klopfen und mit Salz und Pfeffer einreiben. Das Gemüse in große Streifen schneiden.

2 Das Öl in der Pfanne erhitzen und die Schnitzel mit Mehl panieren. Diese nun nacheinander gut durchbraten und in einen Bräter legen.

3 Die Schnitzel können auch gestapelt werden. Im restlichen Öl dann die Paprikaschoten und die zerkleinerte Zwiebel anbraten. Die Tomaten zerkleinern und zum Gemüse in die Pfanne geben.

4 Nun alles mit Paprikapulver und etwas Salz würzen. Etwas Wasser hinzugeben und die Mischung kurz köcheln lassen. Danach alles über die Schnitzel in den Bräter geben und diesen bei 200 °C Umluft für zwei Stunden in den Ofen schieben. Das Gericht soll so lange schmoren, bis das Fleisch sehr zart und die Flüssigkeit verkocht ist, sodass eine pikante Paprikasauce entstanden ist.

5 Dazu isst man in Siebenbürgen am liebsten Kartoffelpüree.

Hauptspeisen mit Fisch

„FILE DE CRAP PE MAMALIGA SI POLPA DI ROSII" |

HERZHAFTES KARPFENFILET AUF PALUKES UND TOMATENPOLPA

2 Port.

70 Min.

Leicht

Zutaten

Für den Fisch:
1 großes Karpfenfilet
2 TL Salz
2 Prisen Pfeffer
1/2 gepresste Zitrone
1 EL Sonnenblumenöl
3 Zwiebeln
3 Knoblauchzehen
500 g stückige Tomaten
1 /2 TL Paprikapulver
200 ml Wasser

Für die Polenta:
1 Prise Pfeffer
250 ml Milch
1 EL Butter
1 TL Salz
250 ml Wasser
125 g Maisgrieß

Nährwerte p. P.

765 kcal
80 g Kohlenhydrate
261 g Fett
49 g Eiweiß

1 Das Karpfenfilet zunächst in beliebig große Stücke schneiden, den Saft der gepressten Zitrone darauf träufeln und das Filet dann von allen Seiten mit Salz und Pfeffer einreiben. Den Fisch beiseitestellen.

2 Die Zwiebel und den Knoblauch schälen und hacken. Die Zwiebel nicht zu fein, während der Knoblauch kleingehackt wird. Nun den Backofen auf 180 °C Umluft vorheizen.

3 In einem ofenfesten Bräter Zwiebel und Knoblauch in Öl anbraten und auch das Paprikapulver hinzufügen. Als Nächstes die stückigen Tomaten sowie Salz und Pfeffer dazugeben. Alles mit Wasser aufgießen, gut durchrühren, die Fischstücke mit der Hautseite nach oben darauf platzieren und das Gericht für mindestens 60 Minuten in den Ofen schieben.

4 Währenddessen die Mamaliga bzw. den Maisbrei zubereiten. Die Butter in ein Gefäß geben und zum Schmelzen bringen. Milch und Wasser hinzufügen und alles zum Köcheln bringen.

5 Die Mischung salzen und nach und nach den Maisgrieß einrieseln lassen. Alles kurz aufkochen lassen und dann die Hitze reduzieren. Dabei die ganze Zeit rühren, damit nichts anbrennt. Den Maisgrieß quellen lassen und schließlich noch alles mit Salz und Pfeffer würzen.

6 Den Brei auf zwei Tellern verteilen und darauf jeweils zwei Fischfiletstücke in Tomatensauce anrichten.

Tipp: Frische Kräuter wie z. B. Dill passen hervorragend zu diesem Gericht und verleihen ihm eine besondere Note.

„GĂLUȘTE CU SEBASTĂ PE MORCOVI ÎN SOS DE MUŞTAR" |

SEMMELKNÖDEL MIT ROTBARSCH AUF MÖHREN IN SENFSAUCE

2 Port.

120 Min.

Mittel

Zutaten

Knödel:
1 altes Brötchen
1 EL Sahne
50 g Butter
2 Eier
1 EL Mehl
1/2 TL Salz

Fisch:
1 EL Butter
1 Prise Pfeffer
1 TL Salz
250 g Karotten
50 ml Gemüsebrühe
1 EL gehackte Petersilie
1/2 Becher Crème fraîche
1/2 EL Senf
200 g Rotbarschfilet

Nährwerte p. P.

735 kcal
27 g Kohlenhydrate
55 g Fett
30 g Eiweiß

1 Den Backofen auf 200 °C Ober-/Unterhitze vorheizen. Die Karotten schälen und in etwa 1 cm dicke Scheiben schneiden. Die Butter in einer Pfanne schmelzen und darin die Karottenscheiben andünsten. Die Brühe hinzugießen und die Pfanne mit dem Deckel schließen. Nach fünf Minuten sind die Karotten gar.

2 Eine Auflaufform einfetten und die Karotten hineingeben. Den Barsch auf das Gemüse legen und Salz und Pfeffer darüberstreuen.

3 Aus den restlichen Zutaten die Senfsauce herstellen und diese dann über den Fisch und die Karotten gießen. Das Gericht für eine Viertelstunde auf mittlerer Schiene in den Ofen geben.

4 Nun die Knödel herstellen. Dafür die Butter schmelzen und danach schaumig schlagen. Die schaumige Butter nun mit Eiern, Sahne, etwas Salz und Mehl so lange verquirlen, bis ein relativ fester Teig entsteht.

5 Den Teig dann mit feuchten Händen gut durchkneten und das alte Brötchen in Form von Bröseln oder Würfeln hinzufügen.

6 Nun aus der Masse kleine Knödel formen und in siedendem Salzwasser für etwa zehn Minuten – je nach Dicke – garkochen. Die Knödel aus dem Wasser schöpfen und zusammen mit dem Fischfilet, Karotten und der köstlichen Senfsauce servieren.

„SOMON SĂLBATIC ÎN SPANAC ȘI GĂLUȘTE DE ȘERVEȚEL" |

SERVIETTENKNÖDEL MIT WILDLACHS AUF SPINAT

4 Port.

80 Min.

Mittel

Zutaten

Fisch:
400 g Wildlachs
1/2 Bund Lauchzwiebeln
200 g Champignons
100 g Spinat
1 EL Olivenöl
1 EL Mehl
80 ml Sahne
1 Spritzer Zitronensaft
1 TL Salz
1/2 TL Pfeffer

Serviettenknödel:
500 g Weißbrot
1 EL Semmelbrösel
3 Eier
1 EL Butter
1 EL gehackte Petersilie
80 ml Milch
1 Zwiebel
100 ml Pflanzenöl
1 Prise Pfeffer
1 TL Salz

1 Die Pilze putzen und vierteln und die Lauchzwiebeln in feine Ringe schneiden. Etwa die Hälfte der Lauchzwiebeln mit den Pilzen in Öl andünsten und anschließend mit dem Mehl bestäuben. Nun den Spinat dazugeben und nach einigen Minuten alles mit Sahne ablöschen. Das Brät mit Salz und Pfeffer würzen und in eine gefettete Auflaufform geben.

2 Den Lachs waschen, trocken tupfen, mit Zitronensaft beträufeln und ebenfalls in die Auflaufform geben.

3 Anschließend nochmals etwas salzen und pfeffern. Den Fisch für etwa 30 Minuten bei 180 °C Umluft in den Ofen schieben.

4 Für die Knödel das Weißbrot klein schneiden und die Zwiebel schälen und hacken. Die Zwiebel in einer Pfanne bei mittlerer Hitze glasig andünsten und dann die Milch hinzugeben.

5 Alles gut durchrühren, bis die Milch zu dampfen beginnt. Nun die Temperatur komplett herunterdrehen und die Brotwürfel sowie Salz, Pfeffer und Petersilie dazugeben.

Nährwerte p. P.

899 kcal
72 g Kohlenhydrate
50 g Fett
38 g Eiweiß

6 Wenn die Masse abgekühlt ist, die Eier dazugeben und alles gut umrühren. Die komplette Masse in ein Küchentuch geben und entweder länglich oder rund gepresst in siedendes Salzwasser geben und für 60 Minuten garkochen.

7 Den Knödel abkühlen lassen und ihn danach aus dem Küchentuch lösen. Nun den Knödel in Portionen teilen, mit Semmelbröseln bestreuen und zusammen mit Fisch und Spinat servieren.

Tipp: Dieses Gericht lässt sich auch hervorragend mit Kabeljau nachkochen, sollten Sie Wildlachs nicht zur Verfügung haben. Hier dürfen Sie gerne improvisieren.

„TIGAIE PENTRU PEȘTE“ |

SIEBENBÜRGISCHE FISCHPFANNE

4 Port. 40 Min. Leicht

Zutaten

400 g Seelachsfilet
150 g Crème fraîche
1 EL Speisestärke
1 1/2 TL Zucker
2 TL italienische Kräuter
1 TL Paprikapulver
8 große Kartoffeln
2 Brühwürfel
100 ml Wasser
1 EL Tomatenmark
3 EL ÖL
4 rote Paprikaschoten
1 TL Salz
1/2 TL Pfeffer

Nährwerte p. P.

528 kcal
49 g Kohlenhydrate
26 g Fett
21 g Eiweiß

1 Die Kartoffeln schälen und vierteln. Einen Topf mit Wasser aufsetzen und das Salz hineingeben. Das Wasser bei mittlerer Hitze zum Kochen bringen und im Anschluss die Kartoffeln hineingeben. Nun die Kartoffeln für 15 - 20 Minuten köcheln lassen. Mit einem Essstäbchen prüfen, ob die Kartoffeln gar sind und erst dann das Wasser abgießen.

2 Während die Kartoffeln kochen, die entkernten und gewaschenen Paprikaschoten in Streifen schneiden. Das Fischfilet bei Bedarf in kleinere Stücke schneiden und salzen.

3 Das Öl in einer Pfanne erhitzen und den Fisch und die Paprikaschoten hineingeben. Das Ganze etwa vier Minuten andünsten und die Zutaten herausnehmen.

4 Das Wasser mit Brühwürfeln in die Pfanne geben. Sobald diese sich aufgelöst haben, Tomatenmark, Gewürze und Zucker hinzufügen und alles gut mit dem Schneebesen durchrühren. Die Masse kurz köcheln lassen und anschließend mit Crème fraîche und Speisestärke verrühren.

5 Nun die Paprika und den Fisch wieder in die Pfanne geben und alles einige Minuten ziehen lassen. Die Fischpfanne zusammen mit den Salzkartoffeln servieren.

Tipp: Zu diesem Gericht passen sowohl Salzkartoffeln als auch gekochter Reis oder Knödel. Einige Rezepte zu Beilagen finden Sie in den ersten Kapiteln in diesem Kochbuch.

„CRAP PE SPUMA DE TELINA“ |

KARPFEN AUF SELLERIESCHAUM

4 Port.

80 Min.

Mittel

Zutaten

Karpfen:
1 Zwiebel
50 g Butter
500 ml Fischsud
250 ml Sahne
1 TL edelsüßes Paprikapulver
1 TL Mehl
1 Prise Salz
1 Karpfen
1/2 TL Essig

Selleriecreme:
1/2 Zwiebel
1 EL Olivenöl
1 Knoblauchzehe
100 g Sellerie
50 ml Gemüsebrühe
3 EL Schlagsahne
1/2 TL Salz
1/4 TL Pfeffer

Nährwerte p. P.

509 kcal
13 g Kohlenhydrate
39 g Fett
26 g Eiweiß

1 250 ml Wasser in einen Kochtopf geben und bei hoher Hitze zum Köcheln bringen. Dann das Salz und den Essig hinzugeben. Die Temperatur reduzieren und langsam weiterköcheln lassen. In der Zwischenzeit den Fisch waschen, trocken tupfen und in Stücke zerlegen.

2 Den Fisch in eine hitzebeständige Schüssel legen und so viel Flüssigkeit darauf gießen, dass alles bedeckt ist. Während der Fisch weich gedämpft wird, die Butter in der Pfanne schmelzen und die gehackte Zwiebel hineingeben. Diese goldgelb anrösten und dann alles mit Paprikapulver würzen.

3 Das Mehl mit hineingeben und zusammen mit dem Fischsud so lange einkochen, bis eine dickliche Sauce entsteht. Die Sauce durch ein Sieb passieren und die Sahne hinzufügen. Den Fisch aus seinem Bad nehmen, sobald er fertig gedämpft ist.

4 Den Sellerie, die Zwiebel und den Knoblauch schälen, fein würfeln und so lange in Olivenöl andünsten, bis alles weich ist.

5 Danach die Gemüsebrühe aufgießen und 20 Minuten köcheln lassen. Danach die Mischung pürieren und alles durch ein Sieb in einen Kochtopf geben. Nun die Sahne, Salz und Pfeffer hinzufügen und alles aufkochen lassen. Zum Schluss alles mit dem Pürierstab aufschäumen.

6 Nun jeweils etwas Sellerieschaum auf den Teller geben und den Karpfen darauflegen. Dann darf serviert werden.

„HERING ÎN SOS DE ROȘII PE PÂINE CENUȘIE“ | HERING IN TOMATENSAUCE AUF GRAUBROT

 6 Port.  180 Min.  Mittel

Zutaten

4 gewässerte Salzheringe
1 EL gehackter Dill
200 g Joghurt
20 ml Tomatenmark
2 EL Öl
1 Prise Zucker

Graubrot:
1 EL Zucker
350 g Weizenmehl (Type 405)
2 TL Brotgewürz
330 g Weizenmehl (Type 1050)
2 TL Salz
1 Packung Trockenhefe
360 ml Wasser (lauwarm)

Nährwerte p. P.

559 kcal
96 g Kohlenhydrate
8 g Fett
23 g Eiweiß

1 Beide Mehlsorten mit Brotgewürz, Zucker und Salz in einer Schüssel vermengen.

2 Als Nächstes die Trockenhefe dazugeben. Nun das lauwarme Wasser in eine Kuhle gießen und alles mit den Knethaken des Mixers für fünf Minuten zu einem glatten Teig verkneten. Den Teig zugedeckt für etwa 60 Minuten gehen lassen.

3 Die Arbeitsfläche etwas einmehlen und aus dem aufgegangenen Teig einen Laib formen. Diesen auf mittlerer Schiene im Backofen zugedeckt für weitere 60 Minuten bei lauwarmen 30 °C ruhen lassen.Danach das Brot mit Wasser einstreichen und bei 200 °C Umluft ca. 45 Minuten durchbacken. Dann das Brot abkühlen lassen.

4 Die Salzheringe waschen und trocken tupfen. Den Dill mit einem scharfen Messer fein hacken und auf die Heringe streuen.

5 Nun aus Tomatenmark, Öl und Joghurt eine Sauce herstellen und diese mit Zucker und ggf. etwas Salz abschmecken. Den Fisch in die Sauce legen und alles zusammen für ca. eine Stunde kaltstellen.

6 Den Hering zusammen mit ein paar Scheiben des frisch gebackenen Graubrotes servieren.

Tipp: Dieser Klassiker der siebenbürgischen Küche lässt sich ganz einfach nach Belieben aufpeppen. Fügen Sie dem Teig zum Beispiel eine kleine Portion eingelegten Knoblauch, getrocknete Tomaten, geröstete Zwiebeln oder Kümmelsamen hinzu. Hier sind Ihrer Fantasie keine Grenzen gesetzt.

Vegetarische Hauptspeisen

„TOCANA DE CARTOFI“ |

RUMÄNISCHER EINTOPF MIT KARTOFFELN

 4 Port.

 50 Min.

 Leicht

Zutaten

1000 g Kartoffeln
2 kleine Zwiebeln
2 EL Tomatenmark
1,5 TL geräuchertes Paprikapulver
1 EL Butterschmalz
1,5 EL Dill (gehackt)
2 EL Petersilie (gehackt)
1000 ml Gemüsebrühe
350 g vegane Cabanossi (z. B. Veggie Wurzl von Velivery)
2 Prisen Salz
1 Prise Pfeffer
1 Prise Zucker

Nährwerte p. P.

700 kcal
52 g Kohlenhydrate
43 g Fett
22 g Eiweiß

1 Die Kartoffeln und Zwiebeln schälen und in mundgerechte Stücke schneiden. Die Kartoffeln etwas gröber würfeln als die Zwiebeln.

2 Die Zwiebeln dann im Bräter in Schmalz anbraten, bis sie glasig werden. Dann die Kartoffeln hinzugeben und kurz mitdünsten. Als Nächstes das Tomatenmark mit dem Paprikapulver anbraten.

3 Nun alles mit etwa der Hälfte der Brühe ablöschen. Das Gericht etwa eine halbe Stunde bei mittlerer Hitze einköcheln lassen und nach und nach etwas Brühe hinzugeben, bis alles verbraucht ist.

4 Anschließend die gehackten Kräuter, die Gewürze und zum Schluss auch die vegane Cabanossi hinzugeben und fertig ist der Eintopf.

Tipp: Die vegane Cabanossi können Sie auch beliebig mit einer vegetarischen Variante Ihrer Wahl austauschen. Es gibt diese Variation im Übrigen auch mit Kohl oder Linsen. Falls Sie keine Wurst verwenden, sollten Sie allerdings darauf achten dem Gericht mehr Würze zu verleihen, da die Cabanossi sehr salzig ist. Dies würde dem Eintopf dann fehlen.

„PLACINTA CU BRÂNZĂ" | KÄSEPASTETEN

6 Port.

70 Min.

Leicht

Zutaten

1 Paket Filoteig
350 g Fetakäse
200 g Schmand
250 g Quark
200 g Hüttenkäse
2 Eier
80 g Butter
etwas Salz
etwas Pfeffer

Nährwerte p. P.

714 kcal
34 g Kohlenhydrate
53 g Fett
24 g Eiweiß

1 Zunächst den Fetakäse reiben und mit Schmand, Quark, Hüttenkäse und den Eiern vermischen. Anschließend die Mischung salzen und pfeffern.

2 Die Filoteigblätter entsprechend der Größe des Backbleches mit einem scharfen Messer als Stapel klein schneiden. Etwa die Hälfte der Blätter für den Deckmantel verwenden. Die andere Hälfte bilden die Unterseite der Pasteten. Als Nächstes die Butter schmelzen und den Backofen auf 180 °C Umluft vorheizen.

3 Auf das Blech ein Blatt Backpapier legen und mit flüssiger Butter bestreichen. Dann das erste Blatt Filoteig darauflegen und genauso weitermachen, bis alle Blätter unterhalb der Füllung gestapelt sind.

4 Dann die Füllung darauf verteilen und die übrigen Teigblätter ebenfalls mit Butter bestreichen. Diese bilden nun den Deckmantel für die Pastete.

5 Den Teig inklusive Füllung nun mit einem scharfen Küchenmesser in sechs gleich große Pasteten schneiden.

6 Anschließend das Backblech in den vorgeheizten Ofen schieben und die Pasteten etwa 45 Minuten goldbraun backen. Den Bräunungsgrad beobachten, damit die Pastete nicht zu dunkel wird. Wenn die Backzeit erreicht ist, die Pasteten ein wenig auskühlen lassen und warm oder kalt genießen.

Tipp: Sie können anstelle des Hüttenkäses auch den typisch rumänischen Käse verwenden. Dieser nennt sich "brânză de vaci" und ist in so gut wie jedem siebenbürgischen Spezialitätenhandel erhältlich. Er hat eine ähnliche Konsistenz wie Hüttenkäse, ähnelt geschmacklich aber eher einer Mischung aus Joghurt und Quark.

„RULADA DE BRÂNZĂ“ | KÄSEROULADE

6 Port.

70 Min.

Leicht

Zutaten

Für den Teig:
250 ml Wasser
4 Eier
100 g Butter oder Margarine
125 g Mehl
1/2 TL Salz

Für die Füllung:
150 g Sahne
300 g geraspelter Emmentaler Käse

Nährwerte p. P.

620 kcal
31 g Kohlenhydrate
43 g Fett
23 g Eiweiß

1 Zunächst das Wasser zum Kochen bringen, salzen und währenddessen die Butter schmelzen lassen. Nun das Mehl dazugeben und daraus eine cremige Mehlschwitze anrühren. Sobald die Masse anschließend etwas ausgekühlt ist, der Reihe nach ein Ei nach dem andern dazugeben.

2 Nun das Backblech einfetten und den Teig gleichmäßig darauf verteilen. Diesen dann im vorgeheizten Backofen bei 200 °C so lange backen, bis er eine goldbraune Farbe angenommen hat.

3 Sobald der Teig fertig ist, aus dem Backofen nehmen und mit einem Tuch abdecken. In diesem Zustand erkalten lassen.

4 Den Teig ausrollen und mit einer Mischung aus Sahne und Raspelkäse bestreichen. Dann zu einer Roulade zusammenrollen und von außen mit Käse bestreuen.

5 Die Käseroulade nun bei 200 °C backen, bis der Käse von außen leicht gebräunt ist.

„GĂLUȘTE CU BRÂNZĂ" |

KNÖDEL MIT KÄSE

4 Port.

70 Min.

Leicht

Zutaten

1 Zwiebel
350 g Weißbrot
200 ml Milch
150 g mittelalter Gouda
60 g Butter
60 g Mehl
3 mittelgroße Eier
2 EL gehackte Petersilie
Salz

Nährwerte p. P.

593 kcal
57 g Kohlenhydrate
30 g Fett
23 g Eiweiß

1 Zuerst das Brot in kleine Stücke schneiden und in eine große Schüssel füllen.

2 2Nun den Käse, die geschälte Zwiebel und die Petersilie hacken. Alles mit zum geschnittenen Brot in die Schüssel geben.

3 Nun das Mehl mit hineingeben und anschließend die Milch mit den Eiern verquirlen. Ausgiebig mit Pfeffer und Salz würzen und das Gemisch dann in die Schüssel zu den Brotwürfeln fließen lassen.

4 Die Mischung dann gut mit den Händen durchkneten, bis alles gut verteilt ist und anschließend 20 Minuten ziehen lassen.

5 Einen Topf mit Wasser aufsetzen und leicht zum Köcheln bringen. Reichlich Salz dazugeben und danach die Temperatur reduzieren.

6 Anschließend mit feuchten Händen kleine Knödel formen und diese vorsichtig nach und nach in das siedende Wasser geben. Die Knödel nach ca. 15 Minuten mit einer Schöpfkelle aus dem Wasser nehmen und gut abtropfen lassen.

7 Zum Servieren noch ein paar Fingerspitzen gehackte Petersilie auf den Knödeln verteilen.

Tipp: Darf es etwas kräftiger sein? Verwenden Sie gerne auch einen alten festen Käse, zum Beispiel Old Amsterdamer. Hier dürfen Sie Ihrer Kreativität freien Lauf lassen. Servieren Sie die Knödel mit ein paar frischen Kräutern und einem Hauch geschmolzener Butter.

„OREZ LA ABUR CU CIUPERCI" |

RAHMPILZE AUF GEDÜNSTETEM REIS

2 Port.

40 Min.

Leicht

Zutaten

200 g Reis
500 ml Wasser
1 Gemüsebrühwürfel
1 Tütensuppe Pilzrahm
1,5 Zwiebel
1 TL Salz
1 TL Pfeffer
1 EL Öl
1 TL gehackte Petersilie
100 g frische Champignons
2 EL Öl
1 TL Paprikagewürz
0,5 TL Curry
0,5 TL Dill
1 EL Ketchup

Nährwerte p. P.

326 kcal
37 g Kohlenhydrate
16 g Fett
6 g Eiweiß

1 Zunächst den Reis gründlich waschen und die Zwiebeln schälen und hacken. Die Zwiebel in einer Pfanne mit Öl anbraten, bis sie glasig wird und danach auch den Reis für zehn Minuten mitdünsten.

2 Den Reis anschließend mit Wasser aufgießen und den Brühwürfel hinzufügen. Als Nächstes pfeffern und den Reis bei geringer Wärmezufuhr etwa 15 - 20 Minuten köcheln lassen. Dazu den Deckel auf die Pfanne legen, damit sich die Hitze nicht verliert.

3 Anschließend die Champignons putzen und je nach gewünschter Größe zerkleinern. Diese in einer Pfanne ohne Öl scharf anrösten und das Wasser und die Pilzrahmsuppe hinzufügen.

4 Alles gut durchrühren, die Temperatur reduzieren und die Flüssigkeit etwas eindicken lassen. In der Zwischenzeit den Reis nochmals kräftig mit den Gewürzen abschmecken und den Biss überprüfen. Der Reis sollte schön körnig bleiben und nicht zu weich werden.

5 Nun noch einen Esslöffel Ketchup in die Rahmsoße geben und diese portionsweise auf dem Reis servieren.

Tipp: Die Rahmpilze lassen sich auch sehr gut in Einmachgläsern kühl aufbewahren und können so auch als Beilage für andere Gerichte dienen. Sie sind sehr vielseitig und passen sowohl zu vegetarischen als auch zu Fleischgerichten.

„SNITEL DE CARTOFI" |

KARTOFFELSCHNITZEL

4 Port.

30 Min.

Leicht

Zutaten

300 g Mehl (Weizen Typ 550)
6 EL Öl
8 Kartoffeln
2 Eier
1 EL Salz
½ EL Pfeffer
1 Prise Muskatnuss

Nährwerte p. P.

563 kcal
82 g Kohlenhydrate
19 g Fett
13 g Eiweiß

1 Am besten gekochte Kartoffeln vom Vortag verwenden oder diese frisch kochen und dann etwas auskühlen lassen.

2 Die Kartoffeln pellen, raspeln und in einer Schüssel mit Mehl, Eiern, Salz sowie Pfeffer vermengen. Zum Schluss noch eine Prise gemahlene Muskatnuss hineingeben.

3 Nun einen Esslöffel Öl in die Pfanne geben und erhitzen. Sobald das Öl heiß ist, einen Esslöffel von der Kartoffelmasse hineingeben und das Schnitzel leicht andrücken.

4 Nach einigen Minuten wenden. Das fertige Schnitzel auf ein Küchenkrepp legen und mit dem restlichen Teig ebenso verfahren.

5 Die Kartoffelschnitzel mit etwas Apfelkompott servieren.

„CROCHETE DE CARTOFI CU UMPLUTURĂ DE LEGUME" |

KARTOFFELKROKETTEN MIT GEMÜSEFÜLLUNG

6 Port.

70 Min.

Schwer

Zutaten

1 EL Mehl
1 Ei
6 EL Öl
50 g Butter
200 g junge Erbsen (TK)
6 Röschen Blumenkohl
4 kleine Karotten
2 Spargelstangen
1 EL Semmelbrösel
6 große, runde Kartoffeln

Nährwerte p. P.

287 kcal
22 g Kohlenhydrate
18 g Fett
6 g Eiweiß

1 Zunächst die Kartoffeln etwa zehn Minuten in siedendem Wasser kochen. Die Kartoffeln danach schälen und an beiden Enden abflachen. Die Kartoffeln sollten noch eine gute Festigkeit haben, damit sie beim Aushöhlen nicht ineinander fallen. Beim Aushöhlen möglichst behutsam vorgehen.

2 Die Kartoffeln nur von einer Seite aushöhlen. Diese wird später mit Gemüse gefüllt. Die Reste der Kartoffeln aufbewahren. Diese mit einer Gabel zerdrücken, mit einem Ei verquirlen und zunächst beiseitestellen. Nun die runde Seite der Kartoffeln panieren. Zunächst in Mehl, dann in Ei und zum Schluss in Semmelbröseln wenden.

3 Öl in die Pfanne geben und darin die Kartoffeln goldgelb ausbacken. Dafür sorgen, dass die Kartoffeln einen guten Stand in der Pfanne haben. Lieber eine kleine Pfanne nehmen, sodass die Kartoffeln eng zusammenstehen können.

4 Inzwischen das Gemüse so lange in Salzwasser kochen, bis es weich ist. Mit den Blumenkohlröschen und den Möhren beginnen.

5 Das weichere Gemüse erst später hinzufügen. Dann alles gut abtropfen lassen und mit Ei und Salz verquirlen. Anschließend die Mischung pürieren und abkühlen lassen.

6 Den Gemüsebrei in die Hohlräume der Kartoffeln füllen und dann die Kartoffelmasse in die Öffnung drücken, um sie wieder zu verschließen. Im Anschluss auch diese Seite der Kartoffeln panieren und zum Schluss nochmals alle goldbraun ausbacken.

Vegane Hauptspeisen

„PIRINAC" |

SERBISCHER REIS

 4 Port.  30 Min.  Leicht

Zutaten

3 Zwiebeln
200 g geschälte Tomaten
1 rote Paprika
1 gelbe Paprika
200 g Basmatireis
3 EL Öl
1 TL Salz
1/2 Tasse heißes Wasser

Nährwerte p. P.

640 kcal
101 g Kohlenhydrate
18 g Fett
13 g Eiweiß

1 Das Gemüse in feine Würfel schneiden. Nun den Reis so lange kochen, bis er nur noch ein wenig Biss hat.

2 Währenddessen das Öl in einer Pfanne erhitzen und dünsten darin zunächst die gehackten Zwiebeln so lange andünsten, bis sie glasig werden.

3 Dann die Paprikawürfel und schließlich die geschälten Tomaten hinzugeben.

4 Wenn das Gemüse gut durchgegart ist, die halbe Tasse heißes Wasser hinzugeben und alles nach Geschmack würzen.

5 Den Reis nun abgießen und zum Gemüse in die Pfanne geben. Alles gut durchmischen und das Gericht vor dem Servieren etwas ziehen lassen.

Tipp: Sie können den Reis auch separat zu dem gekochten Gemüse reichen, wenn Sie sich unsicher sind, wie würzig Ihre Gäste den Reis mögen. Hierfür sollten Sie den Reis vorher in etwas Brühe kochen, um ihm eine leichte eigene Würze zu geben.

„GIWETSCH" |
ALLES WAS SIE HABEN

2 Port.

30 Min.

Leicht

Zutaten

alle vorhandenen Gemüsereste, z. B.
1 Aubergine
1 Zwiebel
1 Tomate
1 Paprika
1 Handvoll Erbsen
2 Möhren
2 TL Salz
3 EL Öl
6 Kartoffeln

Nährwerte p. P.

465 kcal
61 g Kohlenhydrate
16 g Fett
11 g Eiweiß

1 Einen Topf mit Wasser aufsetzen. Die Kartoffeln schälen und würfeln und mit etwas Salz in das Kochwasser geben.

2 Während die Kartoffeln kochen, das restliche Gemüse schälen und zerkleinern.

3 In einer Pfanne nun alles in Öl anbraten. Mit der Zwiebel beginnen und dann nach und nach die anderen Sorten dazugeben.

4 Alles so lange dünsten, bis es weich ist. Anschließend das Gericht salzen und zusammen mit den Kartoffeln servieren.

„KIMM LAWEND" |

KÜMMEL-BROTSUPPE

4 Port.

20 Min.

Leicht

Zutaten

1500 ml Wasser
300 g altes Brot
1 EL Salz
2 EL Mehl
1 EL Kümmelsamen
2 Zwiebeln
3 EL Öl

Nährwerte p. P.

595 kcal
88 g Kohlenhydrate
19 g Fett
14 g Eiweiß

1 Das Wasser in einem großen Topf zum Kochen bringen.

2 Die Zwiebeln schälen und klein schneiden. Die Hälfte der Zwiebeln sowie den Kümmel in das siedende Wasser geben.

3 Alles zusammen etwa zehn Minuten kochen.

4 Nun aus Öl und Mehl in einer Pfanne eine Mehlschwitze herstellen.

5 Die Suppe durch ein Sieb gießen. Dann die Mehlschwitze hineingeben und alles gut durchrühren.

6 Das alte Brot würfeln und in die Suppe geben. Das Ganze fünf Minuten quellen lassen und mit gehackten Zwiebeln servieren.

„ZWAIBEL TOKANA" |

ZWIEBELGULASCH

 2 Port.

 20 Min.

 Leicht

Zutaten

1 TL Paprikapulver
500 g Zwiebeln
1 EL Salz
1 TL schwarzer Pfeffer
150 ml Wasser
4 EL Öl
1 EL Mehl
150 ml Hafermilch zum Kochen

Nährwerte p. P.

304 kcal
19 g Kohlenhydrate
22 g Fett
4 g Eiweiß

1 Die Zwiebeln schälen und grob hacken.

2 Das Öl in einer Pfanne erhitzen und die Zwiebeln so lange andünsten, bis sie glasig sind.

3 Nun alles mit Wasser ablöschen, die Gewürze hinzugeben und alles etwas einköcheln lassen.

4 Mehl und Milch mit dem Schneebesen klümpchenfrei mischen und das Gemisch zum Zwiebelgulasch geben.

5 Alles zusammen weitere fünf Minuten eindicken lassen und anschließend servieren.

Tipp: Die Zwiebel ist ein wahres Wunder der pflanzlichen Haus- und Heilmittel, da sie eine antibiotische Wirkung hat. Im Winter ist dieses Gericht daher besonders beliebt, da es Erkältungen vorbeugt und sogar auch während einer solchen Erkrankung das Immunsystem stärkt und den Krankheitsverlauf abmildert. Das Gulasch können Sie auch nach Belieben mit Paprika oder Bohnen zubereiten. Am besten schmeckt es mit frischem Baguette oder Graubrot.

„SAIER KAMPEST“ | EINGELEGTES WÜRZKRAUT

4 Port.

40 Min. + 1 Woche Wartezeit

Mittel

Zutaten

2 EL Salz
6 grüne Paprika
1000 ml Wasser
2000 g türkischer Weißkohl
50 g Meerrettich

Nährwerte p. P.

221 kcal
29 g Kohlenhydrate
3 g Fett
10 g Eiweiß

1 Zunächst den Kohl in feine Stücke hobeln und in einer großen Schale mit Salz vermengen.

2 Nun die Paprika waschen, entkernen und in feine Streifen schneiden. Die Paprika anschließend mit dem Kohl in Einmachgläser geben.

3 Nun den Meerrettich in Scheiben schneiden und je ein Stück Meerrettich pro Glas auf den Kohl legen.

4 Die Gläser mit Wasser auffüllen, gut verschließen und möglichst kühl lagern.

5 Nach einer Woche ist das Kraut bereit für den Verzehr.

Siebenbürgische Dessertvariationen

„TEEGEBÄCK" |

HONIGKEKSE MIT GUSS

10 Port.

600 Min.

Schwer

Zutaten

1 TL Nelkenpulver
1 TL Zimtpulver
1 Packung Backpulver
1/2 kg Mehl
150 g Zucker
5 EL Honig
50 g Butter
2 Eier
150 ml Milch

Guss:
100 g Puderzucker
1 Eiweiß

Nährwerte p. P.

365 kcal
70 g Kohlenhydrate
6 g Fett
7 g Eiweiß

1 Zuerst alle Gewürze sowie Eier, Honig, Butter und Zucker in warmer Milch auflösen und alles gut miteinander verquirlen.

2 Einen Esslöffel Milch und ein Eigelb aufheben.

3 Sobald die Milch erkaltet ist, Mehl und Backpulver hinzufügen und alles gut miteinander verkneten. Den Teig über Nacht ruhen lassen.

4 Am nächsten Tag den Teig mit einem Nudelholz dünn ausrollen und einzelne Plätzchen ausstechen.

5 Diese dann mit etwas Abstand zueinander auf Backblechen verteilen.

6 Nun das Eigelb mit der restlichen Milch verrühren und die Kekse damit bestreichen.

7 Anschließen die Kekse im Backofen für 30 Minuten bei 180 °C Ober-/Unterhitze backen.

8 Wenn die Kekse fertig sind, den Guss herstellen. Dafür das Eiweiß steif schlagen und den Puderzucker einrieseln lassen.

9 Alles miteinander vermengen, bis eine feste Masse entsteht. Diese dann in einen Spritzbeutel füllen und das Gebäck damit verzieren, wenn es abgekühlt ist.

Tipp: Luftdicht verpackt, bleiben diese Kekse bis zu fünf Wochen frisch.

„HANKLICH" |

SIEBENBÜRGER SCHMANDKUCHEN

10 Port.

70 Min.

Leicht

Zutaten

Der Boden:
500 g Weizenmehl
200 ml Vollmilch
2 Eigelb
1 Prise Salz
10 g frische Hefe
150 g Butter
80 g Zucker

Der Belag:
600 g Schmand
200 g Aprikosen aus der Dose
4 EL Zucker
4 Eigelb
Mark einer Vanilleschote

Nährwerte p. P.

590 kcal
70 g Kohlenhydrate
30 g Fett
9 g Eiweiß

1 Zunächst die Milch erwärmen und gleichzeitig so lange mit den Eigelben sowie Salz und Zucker verrühren, bis diese schaumig wird.

2 Die frische Hefe in zwei Esslöffeln warmer Milch auflösen und diese dann unter den Schaum rühren.

3 Die Butter währenddessen in einem kleinen Topf schmelzen.

4 Das Mehl in eine große Schüssel geben, die geschmolzene Butter sowie die Hefemischung in eine Mulde geben und alles gut miteinander verkneten.

5 Den Teig dann abgedeckt eine halbe Stunde gehen lassen und derweil die Aprikosen vierteln.

6 Diese mit dem Zucker vermengen und ziehen lassen. Den Schmand mit Eigelben und Vanillemark vermengen.

7 Als Nächstes ein großes Backblech einfetten und den Hefeteig so darauf verteilen, dass ein kleiner Rand entsteht. Den Teig bei 200 °C Ober-/Unterhitze backen, bis er goldbraun ist.

8 Anschließend herausnehmen, die Schmandmasse auf den Kuchenboden streichen und die Aprikosenstücke darauf verteilen. Den Kuchen nochmals für etwa 40 Minuten in den Ofen schieben.

„RULOURI CU DROJDIE" |

WESPENNESTER

6 Port.

70 Min.

Leicht

Zutaten

Für den Hefeteig:

20 g frische Hefe
70 g Zucker
1 Eigelb
70 g Butter
500 g Mehl
1 Packung Vanillezucker
1 Prise Salz
150 ml lauwarme Milch

Für die Füllung:

50 g gehackte Mandeln
etwas zerlassene Butter
getrocknete Feigen oder Datteln

Nährwerte p. P.

514 kcal
76 g Kohlenhydrate
17 g Fett
12 g Eiweiß

1 Als Erstes die 150 ml Vollmilch leicht erhitzen und die Hälfte dann mit der Hefe und dem Vanillezucker und ein bis zwei Esslöffeln Zucker vermengen. Die Flüssigkeit so lange rühren, bis sich der Zucker aufgelöst hat und erst einmal beiseitestellen.

2 Alle restlichen Zutaten miteinander vermischen, anschließend die Milchmischung hinzugeben und alles zu einem lockeren Teig verkneten. Den aufgegangenen Teig teilen und eine Hälfte zu einem Rechteck ausrollen.

3 Diesen mit etwas zerlassener Butter bestreichen und je nach Belieben mit Zucker bestreuen. Nun aus allen Zutaten für die Füllung eine lockere Creme herstellen.

4 Die Hälfte der Creme gleichmäßig auf dem Teig verteilen und das Rechteck längs locker aufrollen. Den Teig nun nochmals gehen lassen. Die Teigrolle in Stücke schneiden und diese dann mit reichlich Abstand auf das Backblech legen.

5 Die Stücke nun leicht andrücken und abgedeckt stehen lassen. Währenddessen gehen Sie mit der anderen Teighälfte sowie der Füllung genauso vor. Das Ganze bei 200 °C Ober-/Unterhitze für 15 Minuten backen. Nach der Backzeit das Blech aus dem Ofen nehmen und die Schnecken mit der Hälfte der Vanillemilch beträufeln.

6 Dazu bestenfalls einen Pinsel aus Silikon oder einen Teelöffel benutzen. Dies sorgt dafür, dass der Teig schön saftig wird. Anschließend die Wespennester bei 180 °C noch weitere 30 Minuten backen. Kurz vor Ende der Backzeit die Wespennester nochmals mit Vanillemilch beträufeln. Wenn die Nester fertig sind, können sie nach Belieben mit Puderzucker bestreut und lauwarm serviert werden.

„GALUSTE" |

SIEBENBÜRGISCHE TOPFENKNÖDEL

2 Port.

40 Min.

Leicht

Zutaten

1 Ei, mittelgroß
3 EL Weichweizengrieß
Prise Salz
1 Prise Vanillezucker
250 g Magerquark
1 TL Semmelbrösel
1 TL Butter
1 Prise Zimt

Nährwerte p. P.

306 kcal
41 g Kohlenhydrate
6 g Fett
22 g Eiweiß

1 Als Erstes das Ei trennen. Das Eigelb mit Quark und Grieß vermischen. Die Mischung mindestens eine Stunde ruhen lassen.

2 Das Eiweiß kann anderweitig verwendet oder eingefroren werden.

3 In der Zwischenzeit in einer Pfanne die Semmelbrösel mit etwas Butter braun anrösten.

4 Nach der Ruhezeit mit einem Esslöffel Nocken aus der Mischung abstechen oder diese mit angefeuchteten Fingern zu kleinen Knödeln formen.

5 Wasser in einem Topf zum Kochen bringen und salzen. Wenn das Wasser zu sieden beginnt, einige Minuten köcheln lassen und dann die festen Topfenknödel hineingeben. Sollte der Teig zu weich sein, noch etwas Mehl oder Stärke hineingeben.

6 Die Knödel mit einer Schaumkelle aus dem Wasser heben, sobald Sie oben schwimmen und gar sind. Anschließend noch feucht in den Bröseln wälzen.

7 Zum Schluss mit Zimt und Zucker bestäuben und warm servieren.

„AMARETTO - PRUNE" |

AMARETTO-ZWETSCHGEN-RÖSTER

 4 Port.  40 Min.  Leicht

Zutaten

1 kg Zwetschgen (entsteint)
150 g Zucker
130 g Gelierzucker
150 ml Amaretto
2 Zimtstangen

Nährwerte p. P.

432 kcal
102 g Kohlenhydrate
1 g Fett
2 g Eiweiß

1 Zuerst die Zwetschgen halbieren, mit dem Gelierzucker vermengen und etwa eine Stunde ziehen lassen.

2 Danach den normalen Zucker mit der Butter in einem großen Topf bei geringer Wärmezufuhr karamellisieren.

3 Sobald der Zucker hellbraun karamellisiert ist, die halbierten Zwetschgen samt dem ausgetretenen Saft hinzufügen und das Gemisch mit sprudelnd kochendem Wasser für fünf Minuten im Wasserbad kochen, bis aus der Flüssigkeit eine sirupartige Masse entstanden ist. Die Zwetschgen sollten danach noch stückig sein. Zum Schluss den Amaretto dazugießen.

4 Den Röster in heiß ausgespülte Gläser füllen und diese schließlich fest verschließen oder gleich nach dem Abkühlen verzehren. Es empfiehlt sich jedoch, den Röster etwas durchziehen zu lassen.

Tipp: Dieses Gericht schmeckt auch ohne Alkohol. Anstelle von Amaretto verwenden Sie einen feinen Marzipansirup. Nehmen Sie allerdings nur etwa 1/3 der angegebenen Menge des Amarettos, da der Röster sonst zu süß wird.

„HARLEKIN - FELIE" |

HARLEKIN-SCHNITTEN

8 Port.

60 Min.

Leicht

Zutaten

Für die Teigplatten:
1/2 Päckchen Backpulver
150 g Himbeermarmelade
420 g Mehl
140 g Zucker
280 g Butterschmalz
1 Eigelb
100 g Crème fraîche

Für den Guss:
100 g Puderzucker
2 Eigelb
Saft und Schale von einer Zitrone in Bioqualität

Dekoration:
einige bunte Zuckerstreusel
1 EL geraspelte Schokolade
1 EL essbare Blüten getrocknete Beeren oder gehackte Nüsse

Nährwerte p. P.

723 kcal
79 g Kohlenhydrate
42 g Fett
7 g Eiweiß

1 Das Butterschmalz mit Zucker, Crème fraîche und Eigelb verrühren. Das Mehl mit dem Backpulver vermischen das Ganze zu der ersten Mischung geben.

2 Nun einen glatten Teig herstellen und diesen für etwa 30 Minuten ruhen lassen. Den Teig anschließend in drei gleich große Portionen teilen und diese jeweils zu 0,5 cm dicke rechteckige Platten ausrollen. Sie sollten etwa die Größe eines DIN-A4-Blattes haben. Mit einer Gabel nun kleine Luftlöcher in die Platten stechen, um Blasenbildung zu vermeiden.

3 Die Platten bei 175 °C Ober-/Unterhitze auf der mittleren Schiene für 15 Minuten backen. Danach abkühlen lassen und den ersten Teigboden mit Marmelade bestreichen. Den zweiten darauflegen und die restliche Marmelade darauf verteilen. Dann mit der dritten Teigplatte abdecken.

4 4.Für den Guss die Eigelbe mit Puderzucker und Zitrone schaumig rühren. Diesen dann auf dem Kuchen verteilen. Je nach Geschmack auf den noch feuchten Guss die Zuckerstreusel, Schokoladenraspeln oder Blüten streuen.

5 5. Den Kuchen auf der mittleren Schiene im Ofen bei 80 °C etwa 20 Minuten stehen lassen, bis er trocknen geworden ist. Danach in schmale Streifen oder Rauten schneiden und servieren.

Tipp: Die Schnitten halten sich relativ lange frisch, wenn sie luftdicht und kühl gelagert werden.

„BUCURESTI FELIE" |

BUKARESTER SCHNITTEN

12 Port. 50 Min. Leicht

Zutaten

Für den Teig:
750 g Mehl
200 g Zucker
3 EL Rahm
5 Eigelb
250 g Butter
etwas Milch
1 Packung Backpulver
1 Packung Vanillezucker
Marmelade zum Bestreichen

Für den Guss:
5 Eiweiß
150 g Zucker
100 g gehackte Nüsse

Nährwerte p. P.

594 kcal
77 g Kohlenhydrate
26 g Fett
12 g Eiweiß

1 Aus allen Zutaten einen glatten Teig herstellen und diesen in drei Teile teilen. Jeden Teil ausrollen und auf ein gefettetes Backblech legen. Diese dann auf der mittleren Schiene im Ofen bei 180 °C Ober-/Unterhitze für 20 Minuten backen.

2 Die Teile nach dem Backen aus dem Ofen nehmen und zunächst kurz etwas abkühlen lassen. Anschließend mit Marmelade bestreichen und aufeinanderlegen.

3 Auch das oberste Teil mit Marmelade bestreichen.

4 Nun aus den Eiweißen und Zucker einen festen Eischnee herstellen.

5 Diesen dann in einen Spritzbeutel geben und auf der Marmeladenschicht verteilen. Zum Schluss alles mit grob gehackten Nüssen verzieren und im Ofen bei niedriger Temperatur kurz backen, bis der Eischnee hart geworden ist.

Tipp: Geben Sie anstelle des Eischnees geschmolzene Schokolade auf die Schnitten, um eine andere Note einzubringen.

„MERE COAPTE" |

SIEBENBÜRGER BRATÄPFEL

5 Port.

60 Min.

Leicht

Zutaten

5 säuerliche regionale Äpfel
5 TL Butter
1 TL gemahlener Zimt
5 EL Zucker
0,5 TL Muskat
5 TL brauner Rum

Nährwerte p. P.

254 kcal
32 g Kohlenhydrate
9 g Fett
1 g Eiweiß

1 Die Äpfel zuerst waschen und das Kerngehäuse entfernen. Die Schale bleibt erhalten.

2 Alle Zutaten für die Füllung miteinander verrühren und in die entstandenen Hohlräume der Äpfel füllen.

3 Diese in eine feuerfeste und gefettete Form geben.

4 Die Äpfel auf der mittleren Schiene bei Umluft 180 °C Umluft mindestens 40 Minuten im Ofen garen. Wenn die Äpfel außen leicht gebräunt und innen weich sind, sind sie perfekt und können aus dem Ofen geholt werden.

5 Nun sollten sie noch etwas auskühlen und schließlich lauwarm serviert werden.

Tipp: Diese köstlichen Bratäpfel werden in Siebenbürgen nicht nur als Dessert verspeist, sondern auch gerne als Beilage zu Braten oder anderen deftigen Fleischgerichten. Durch die fruchtige Note wird das Essen so zu einem echten Erlebnis.

„RULOURI DE CIOCOLATĂ" |

SCHOKOTALER

6 Port. 30 Min. Leicht

Zutaten

2 große Eier
200 g Zucker
200 g Blockschokolade
100 g Butter
100 g Haselnüsse
Puderzucker zum Bestäuben

Nährwerte p. P.

568 kcal
53 g Kohlenhydrate
36 g Fett
7 g Eiweiß

1 Zunächst die Schokolade in grobe Stücke teilen und im Dampf - oder Wasserbad schmelzen. Als Nächstes die Eier und den Zucker hinzufügen und alles zu einer festen Creme mixen.

2 Die Butter schmelzen und die Nüsse zerkleinern.

3 Anschließend die Butter-Nuss-Mischung unter die Schokolade rühren und einen festen Teig zubereiten. Diesen dann den in vier gleich große Stücke teilen.

4 Etwas Puderzucker auf die Arbeitsfläche streuen und darauf die Schokomassen nacheinander zu Rollen formen. Diese dann zunächst über Nacht oder einige Stunden kaltstellen. Zum Schluss mit Puderzucker bestäuben, in Taler schneiden und servieren.

Tipp: Dieses Rezept eignet sich auch hervorragend als cremiger Belag für einen kräftigen Mürbeteig, sollte Ihnen dieses Dessert pur zu schokoladig sein. Stechen Sie dazu einfach runde Taler aus Ihrem Mürbeteig aus, streichen etwas flüssige Butter oder Zuckerguss darauf und legen dann die Schokotaler darauf.

„CREMĂ DE CAFEA FELII" |

KAFFEECREMESCHNITTEN

10 Port.

70 Min.

Leicht

Zutaten

Für den Teig:
500 g Mehl
150 g Puderzucker
150 g Butter
2 EL Sahne
2 große Eier
1 TL Hirschhornsalz
1 TL Milch

Für die Creme:
5 große Eier
250 g Puderzucker
100 ml stark aufgebrühter Kaffee aus kräftiger Bohne
100 ml Milch
2 Packung Vanillezucker
1 TL Cappuccinopulver
1 EL Mehl
300 g Butter
1 EL Schokoladenstreusel oder gemahlene Nüsse zum Dekorieren

Nährwerte p. P.

740 kcal
81 g Kohlenhydrate
43 g Fett
7 g Eiweiß

1 Zunächst die Creme zubereiten. Dafür die Eier mit dem Puderzucker verrühren. Die Milch kurz aufkochen lassen und den warmen Bohnenkaffee dazugeben. Dann den Vanillezucker sowie das Cappuccinopulver hinzugeben. Die Temperatur reduzieren und alles bei niedriger Temperatur leicht köcheln lassen.

2 Als Nächstes das Mehl in die Flüssigkeit rieseln lassen und die Creme so einige Minuten lang andicken lassen. Nun die Butter schaumig schlagen und vorsichtig unter die Creme rühren.

3 Die Creme nun auskühlen lassen und alles für den Teig vorbereiten. Hierfür aus allen Zutaten einen geschmeidigen Teig zubereiten. Mehrere Backbleche mit Papier auslegen oder nacheinander sechs dünne Teigplatten backen.

4 Jede Unterlage vorher einfetten, um den Teig besser verteilen und lösen zu können. Das Ganze bei 180 °C Ober-/Unterhitze für etwa 30 Minuten backen, bis sie eine goldbraune Farbe angenommen haben.

5 Die fertigen Teige vorsichtig mit einem Messer vom Blech lösen. Anschließend jedes Teil mit etwas Creme bestreichen und dann die Teigschichten nach und nach stapeln.

6 Auf die letzte Schicht kommt eine etwas dickere Cremeschicht und diese zum Schluss mit Streuseln bzw. Nüssen dekorieren.

7 Zum Schluss das Ganze mit einem scharfen Messer in kleine Schnitten schneiden das Dessert servieren.

„PRĂJITURĂ CU CREMĂ DE LĂMÂIE" |

ZITRONEN-FRISCHKÄSEKUCHEN

 8 Port.  150 Min.  Leicht

Zutaten

1 Packung Löffelbiskuits
100 g Butter
1 Packung Götterspeise mit Zitronen-Geschmack
250 g Urdă (rumänischer Frischkäse)
50 g Zucker
1 Packung Vanillezucker
1 EL Zitronensaft
200 ml Schlagsahne
ca. 5 getrocknete Zitronenscheiben

Nährwerte p. P.

421 kcal
48 g Kohlenhydrate
21 g Fett
9 g Eiweiß

1 Für den Tortenboden die Löffelbiskuits in einen Gefrierbeutel füllen und zu Krümeln zerdrücken. Dafür eignet sich ein Nudelholz. Ein paar Krümel für die Deko aufbewahren.

2 Die Butter in einem Topf schmelzen und mit den Krümeln mischen. Den Biskuitboden in einer Springform von etwa 26 cm Durchschnittsfläche fest andrücken.

3 Es sollte sich ein Rand von etwa 1 cm bilden. Als Nächstes folgt die Frischkäsecreme.

4 Dafür die Zitronengötterspeise mit heißem Wasser anrühren. Die Götterspeise ein wenig auskühlen lassen und dann mit Zitronensaft und Zucker vermischen. Anschließend den rumänischen Frischkäse unterheben.

5 Die Sahne steif schlagen und ebenfalls unter die fluffige Creme heben. Die Creme nun auf dem Biskuitboden verteilen und für mindestens zwei Stunden zum Aushärten in den Kühlschrank stellen.

6 Den fruchtigen Kuchen nun mit getrockneten Zitronenscheiben und einigen Biskuitkrümeln dekorieren und servieren.

Tipp: Ein kalter Kuchen ist besonders im Sommer sehr erfrischend. Er lässt sich aber auch prima als Waldmeister- oder Himbeertorte inszenieren. Verwenden Sie hierfür die passende Götterspeise und als Topping frische Himbeeren oder Schokoladenstreusel.

Spirituosen und erfrischende Getränke

„CREMOS DE OUA" | CREMIGER EIERLIKÖR

10 Port.

20 Min.

Leicht

Zutaten

5 Eigelb
300 g Puderzucker
300 ml Milch
200 ml Sahne
3 Packung Vanillezucker
300 ml Korn

Nährwerte p. P.

276 kcal
35 g Kohlenhydrate
10 g Fett
4 g Eiweiß

1 Die Eigelbe mit dem Puderzucker in eine Rührschüssel geben und beides mit dem Handrührgerät zu einer schaumigen Creme verrühren.

2 Nun die restlichen Zutaten dazugeben und alles gut miteinander verrühren.

3 Den Eierlikör in Flaschen abfüllen und kühl lagen.

Tipp: Gekühlt hält sich der Likör einige Tage im Kühlschrank. Er schmeckt auch sehr gut als Sauce für ein Dessert, zum Beispiel auf Eis oder Kuchen.

„HUENTERT SIRUP" |
FRISCHER HOLUNDERSIRUP

10 Port.

20 Min.

Leicht

Zutaten

700 ml Wasser
20 ml Zitronensäure
15 Holunderdolden
2 Zitronen
700 g Zucker

Nährwerte p. P.

284 kcal
71 g Kohlenhydrate
1 g Fett
1 g Eiweiß

1 Das Wasser aufkochen und den Zucker hineingeben.

2 Die Zitronen in Scheiben schneiden und mit den ganzen Holunderdolden und Zitronensäure in das Zuckerwasser geben.

3 Das Gemisch umrühren und den Deckel auflegen. Den Sirup mindestens drei und bis zu sechs Tage im Topf ziehen lassen.

4 Den Topf dafür in den Kühlschrank stellen. Den Sirup zwischendurch immer wieder umrühren. Nach der Wartezeit durch ein Sieb gießen und in Fläschchen füllen.

Tipp: Dieser Sirup wird mit Wasser in einem Mischungsverhältnis von 1:4 angemischt. Er eignet sich aber auch gut als geschmackliches Highlight in Sekt oder Cocktails.

„LICHIOR DE PRUNE" |

SIEBENBÜRGER PFLAUMENLIKÖR

10 Port.

80 Min.

Leicht

Zutaten

500 g Pflaumen
200 ml Gin
100 g Rohrohrzucker
1 Vanilleschote
300 ml Weißwein
2,5 TL Abrieb von einer Zitrone

Nährwerte p. P.

213 kcal
35 g Kohlenhydrate
1 g Fett
10 g Eiweiß

1 Die Pflaumen zunächst entkernen und dann in der Küchenmaschine oder mit dem Pürierstab einige Minuten zu Brei pürieren.

2 Den Pflaumenbrei mit dem Rohrzucker in einem Topf bei mittlerer Wärmezufuhr erhitzen, bis sich der Zucker vollständig aufgelöst hat.

3 Als Nächstes die Vanilleschote auskratzen und das Mark, den Abrieb der Zitrone und den Weißwein mit in den Topf geben.

4 Nun die Temperatur reduzieren und alles für eine Stunde auf dem Herd einköcheln lassen. Die Mischung sollte dabei eine Temperatur von 75 °C nicht überschreiten, da sonst der Alkohol verdunstet.

5 Nach dem Einkochen den Gin hinzufügen, alles kurz umrühren und durch ein feines Sieb in Flaschen abfüllen.

6 Den Likör abkühlen lassen und in den Kühlschrank stellen.

Tipp: Der ideale Likör für kalte Tage. Fügen Sie nach Geschmack noch etwas Zimt hinzu. Das Rezept lässt sich auch wunderbar mit Erdbeeren oder Himbeeren anstelle von Pflaumen nachkochen.

„CEAI CU GHEAȚĂ DE ZMEURĂ" | HIMBEER-EISTEE

8 Port. 30 Min. Leicht

Zutaten

1 Bund Minze
Eiswürfel
2 Limetten
8 EL Holunderblütensirup
800 ml Wasser
80 g Himbeeren

Nährwerte p. P.

54 kcal
12 g Kohlenhydrate
1 g Fett
10 g Eiweiß

1 Zunächst eine der Limetten heiß abwaschen und dann in Scheiben schneiden. Die Himbeeren sorgfältig verlesen.

2 Die Minze gründlich waschen und trocken schütteln.

3 Nun die Eiswürfel, die Minze, den Sirup, die Limettenscheiben und die Beeren auf zwei große Krüge aufteilen. Diese dann zu gleichen Teilen mit heißem Wasser übergießen.

4 Nun den Eistee kaltstellen. So kann er sein Aroma entfalten. Vor dem Servieren alles durch ein feines Sieb gießen, damit die groben Zutaten nicht im Glas landen. Zur Dekoration noch jeweils eine Scheibe der anderen Limette an das Glas stecken.

Tipp: Dieser frische Eistee lässt sich in allen möglichen Varianten genießen. Sehr erfrischend ist auch eine Kombination aus Orangen und Zitronen. Der Eistee bleibt gekühlt bis zu fünf Tage frisch.

„BOMBĂ CU VITAMINE“ |

ANANAS-FENCHEL-SMOOTHIE VITAMINBOMBE

2 Port. 20 Min. Leicht

Zutaten

1 Orange
1 kleine Banane
1 Ananas
80 g Fenchel

Nährwerte p. P.

228 kcal
47 g Kohlenhydrate
1 g Fett
4 g Eiweiß

1 Zunächst die Ananas aufschneiden und das Fruchtfleisch herausholen. Für den Smoothie werden ca. 300 g Fruchtfleisch der Ananas benötigt.

2 Die Ananas in Stücke schneiden und in eine Schüssel geben. Die Orange gründlich waschen und anschließend schälen.

3 Etwa 5 cm der Schale aufheben. Die Orange grob würfeln und zu der Ananas in die Schüssel geben.

4 Die Banane und den Fenchel nun ebenfalls klein schneiden und ebenfalls in die Schüssel geben. 100 ml Wasser hinzufügen und alles gut durchpürieren.

5 Die Orangenschale fein hacken und mit in den Smoothie geben.

„MILKSHAKE CU BANANE TURMERIC" |

KURKUMA-BANANEN-MILCHSHAKE

2 Port. 20 Min. Leicht

Zutaten

2 reife Bananen
1 TL Kurkumapulver
300 ml ungesüßte Mandelmilch
100 g Naturjoghurt
1 Orange

Nährwerte p. P.

175 kcal
29 g Kohlenhydrate
4 g Fett
5 g Eiweiß

1 Zunächst die Orange waschen und halbieren. Anschließend sorgfältig den Saft auspressen. Die Bananen schälen.

2 Den Orangensaft mit Kurkumapulver, Milch, Joghurt und Bananen in einen Shaker geben und alles zusammen so lange pürieren, bis eine cremige Flüssigkeit entsteht.

3 Den Shake kaltstellen und danach servieren.

Tipp: Mit etwas Zimt oder Vanille können Sie dem Getränk ebenfalls eine süße Note verleihen.

„MOSCOVA COCKTAIL" |

MOSCOW MULE

 2 Port.

 20 Min.

 Leicht

Zutaten

Saft von 1/2 Limette
50 ml Wodka
10 Eiswürfel
350 ml Ginger Beer

Zutaten für die Deko:
3 Limettenspalten
1 Zweig Minze

Nährwerte p. P.

88 kcal
16 g Kohlenhydrate
1 g Fett
1 g Eiweiß

1 Zunächst Kupferbecher bereitstellen und die halbe Limette auspressen.

2 Als Nächstes die Eiswürfel in die Becher füllen und diese dann mit Wodka aufgießen. Anschließend den Limettensaft über das Eis fließen lassen.

3 Nun alles mit Ginger Beer auffüllen und mit Limettenspalten und Minze servieren.

Tipp: Die alkoholfreie Variante von Moscow Mule schmeckt auch sehr frisch und lecker. Hierfür tauschen Sie Ginger Beer gegen Ginger Ale und Wodka gegen Sodawasser.

„GIN SPUMANT" | GIN FIZZ

4 Port.

20 Min.

Leicht

Zutaten

100 ml Gin
60 ml Zitronensaft
40 ml Zuckersirup
12 Eiswürfel
300 ml Sodawasser
4 Scheiben Zitrone für die Deko
4 Rosmarinzweige

Nährwerte p. P.

96 kcal
9 g Kohlenhydrate
1 g Fett
1 g Eiweiß

1 Als Erstes die Zitronen auspressen und den Saft in einen Cocktailshaker geben.

2 Den Gin sowie den Zuckersirup hinzufügen und die Mischung mit der Hälfte der Eiswürfel etwa eine Minute gut durchschütteln.

3 Die restlichen Eiswürfel nun in große Gläser geben, dann den Cocktailmix hineingießen und mit dem Sodawasser auffüllen.

4 Zum Schluss in jedes Glas einen Rosmarinzweig und eine Zitronenscheibe geben.

„SUC ALCALIN DE TELINA" | BASISCHER SELLERIESAFT

 1 Port.

 10 Min.

 Leicht

Zutaten

1 Bund Stangensellerie
Wasser nach Belieben

Nährwerte p. P.

29 kcal
4 g Kohlenhydrate
0 g Fett
1 g Eiweiß

1 Den Sellerie gründlich unter fließendem Wasser waschen und trockentupfen.

2 Als Nächstes mit einem scharfen Küchenmesser den Strunk entfernen und in kleine Stücke schneiden.

3 Die Stücke idealerweise in einen Entsafter geben oder einen Mixer verwenden.

4 Nach Belieben noch etwas Wasser hinzufügen, sollte der Saft nicht flüssig genug sein.

5 Nun den Selleriesaft durch ein feines Sieb geben und direkt in ein Glas füllen.

Tipp: Dieser Saft ist besonders bei einer eher sauren Ernährungsweise zu empfehlen, da er den Säure-Basen-Haushalt ausgleicht.

Aber auch wenn Sie bereits auf eine basische Ernährungsweise setzen, ist dieser Drink eine großartige Ergänzung in Ihrem Speiseplan.

Die Siebenbürgen mögen es gern deftig und mächtig, daher ist dieser Saft ideal für ein gesunden Magen- und Darmtrakt. Trinken Sie ihn am besten morgens auf nüchternen Magen und warten Sie dann mindestens eine halbe Stunde, bis Sie wieder etwas zu sich nehmen.

Sie werden schnell die positive Wirkung auf den gesamten Körper, insbesondere den Verdauungstrakt, feststellen. Wenn Sie diesen Saft in Ihre tägliche Morgenroutine einbauen, wird er Ihre Gesundheit und das Wohlbefinden auf Dauer positiv beeinflussen.

„CEAI DE CHIMEN DE FENICUL ANASON" | ANIS-FENCHEL-KÜMMEL-TEE

 20 Port.
 15 Min.
 Leicht

Zutaten

120 g Fenchel
50 g Anis
30 g Kümmelsamen
Waldhonig nach Belieben
(alle Zutaten in Bio-Qualität)

Nährwerte p. P.

17 kcal
2 g Kohlenhydrate
1 g Fett
1 g Eiweiß

1 Die Zutaten reichen insgesamt für etwa 20 Tassen Tee.

2 Alle Zutaten miteinander mischen und anschließend für jeden einzelne Tasse einen Teelöffel der Mischung entnehmen und mit dem Mörser zerkleinern.

3 Das Wasser aufbrühen und köcheln lassen. Anschließend die zerstoßenen Samen mit dem heißen Wasser übergießen und zugedeckt etwa acht bis zehn Minuten ziehen lassen.

4 Nun den Tee durch einen Filter gießen und somit überschüssige Reste ausspülen. Den Tee nun noch mit einem Teelöffel Waldhonig süßen.

Tipp: Die Samen für den Tee erhalten Sie im Reformhaus, in Ihrem Bio-Markt oder auch in der Apotheke. In Siebenbürgen wird gerne und viel Kümmel verzehrt. Es beruhigt den Magen und unterstützt die Verdauung.
Sie können aber auch wunderbar frische Wildkräuter und Wildblumen verwenden, um sich einen gesunden Tee aufzubrühen.

„LIMONADĂ PROASPĂTĂ DE PERE" | FRISCHE BIRNENLIMONADE

 4 Port.  120 Min.  Mittel

Zutaten

1000 ml kohlensäurehaltiges Mineralwasser
500 ml Wasser
Eiswürfel
80 g frischen Ingwer
1 Bund Rosmarin
3 Birnen
Saft von 1/2 Zitrone
75 g Agavendicksaft

Deko:
4 Rosmarinzweige
4 Zitronenscheiben

Nährwerte p. P.

126 kcal
28 g Kohlenhydrate
1 g Fett
1 g Eiweiß

1 Zunächst aus Rosmarin, Ingwer und Wasser einen Sud herstellen. Dafür den Ingwer schälen und in dünne Scheibchen schneiden.

2 Den Rosmarin waschen und mit dem Wasser und Ingwer in einem Kochtopf zum Köcheln bringen.

3 Dann die Temperatur etwas reduzieren und die Mischung für ca. fünf Minuten bei geringer Wärmezufuhr sanft weiterköcheln lassen. Zum Schluss den Topf abdecken, von der Platte nehmen und ihn zugedeckt abkühlen lassen.

4 In der Zwischenzeit das Birnenmus herstellen. Dafür die Birnen mit dem Zitronensaft und Sirup in einem Mixer so lange pürieren, bis eine feine und flüssige Konsistenz entsteht.

5 Das Mus durch ein Sieb streichen und anschließend mit dem Rosmarin-Ingwer-Sud mischen. Das Getränk anschließend für eine gute Stunde kaltstellen.

6 Zum Servieren die Eiswürfel in die Gläser geben, so viel Birnensud in die Gläser geben, dass diese zu 1/3 gefüllt sind und anschließend alles mit spritzigem Mineralwasser aufgießen. Nun in jedes Glas einen Zweig Rosmarin sowie eine Zitronenscheibe geben und genießen.

Tipp: Zaubern Sie aus dieser Birnenlimonade ganz einfach einen leckeren Drink für die Abendrunde. Hierfür geben Sie einen Schuss weniger Mineralwasser und dafür etwa 2 cl Gin oder Wodka in die einzelnen Gläser.

Dies wäre dann die beschwipste Birnenlimonade und ist nicht weniger erfrischend als die Variante ohne Alkohol.

„CEAI CU GHEAȚĂ DE HIBISCUS" | HIBISKUS-EISTEE

6 Port.

70 Min.

Leicht

Zutaten

120 ml ungezuckerter Cranberrysaft
450 ml Wasser
4 Beutel Hibiskustee
4 essbare Blüten
Eiswürfel
je nach Geschmack etwas flüssigen Süßstoff

Nährwerte p. P.

16 kcal
4 g Kohlenhydrate
0 g Fett
0 g Eiweiß

1 Zunächst aus den Teebeuteln und dem Wasser heißen Hibiskustee herstellen und anschließend abkühlen lassen.

2 Nach dem Abkühlen den Cranberrysaft hinzufügen und ggf. mit flüssigem Süßstoff abschmecken.

3 Als Nächstes die Eiswürfel und auch die essbaren Blüten in den Eistee geben.

Tipp: Dieser Eistee lässt sich auch wunderbar mit Apfel und Pfirsich herstellen und ist eine großartige Alternative zu zuckerhaltigen Kaltgetränken.